集中力&持続
高まる!

アインシュタイン研究会/編

実業之日本社

はじめに
Albert Einstein

～ワンランク上の思考力を身につける～
【好奇心が情熱を生み、情熱が集中力を育む】

「わたしには特別な才能はない。ただわたしは情熱的に好奇心が旺盛なだけだ」

これはアインシュタイン博士のことばです。優れた結果を残すためには、1つの物事に対して集中することが大切です。大人でも子どもでも、何かに集中するというのは、ことばを変えるとその物事に夢中になることといえるでしょう。博士は情熱的ということばを使っていますが、これがまさに夢中になっていることなのです。さらに博士は、好奇心ということばを用いています。情熱的になることと出会うきっかけを作ってくれるのが、この好奇心です。

お子さんに本書のページを開いて見せてみてください。少しでも興味を示すようであれば、それが好奇心です。はじめはお子さんといっしょに問題を解くのもいいでしょう。お子さんが「自分1人でやりたい」と言うのなら、何も言わずに見守ってあげてください。もし、お子さんが夢中になっているようなら、それは集中力を身につけていることになります。サッカーに夢中になれば、サッカーが上達するはずです。料理に夢中になれば、料理の腕が上がるでしょう。勉強も然りです。

本書の問題は、論理的な思考能力がなければ解くことはできません。つまり、本書に夢中になることで、自然に論理的思考能力が高まるのです。こう記述すると、とんでもなく難しい問題のように感じますが、はじめのほうの問題は、お子さんが「面白い」「やってみたい」と感じれば、簡単にできるレベルに設定されています。

なお、今のお子さんたちが大人になるころには、多くの人々が世界に進出していくような世の中になると考え、すべての問題に世界の国名を入れました。ぜひ、いっしょに地球儀や世界地図などを見て場所を確認してみてください。

本書がきっかけとなって、お子さんの論理的思考能力がワンランク上がれば幸いです。

Index もくじ

【本書(ほんしょ)の遊(あそ)び方(かた)】

下記(かき)のようにして、答(こた)えを導(みちび)き出(だ)します。

問題(もんだい) 0　メロンを好(す)きなのはどこの国(くに)の人(ひと)？　　月(がつ)　日(にち)

▲ここには、問題(もんだい)を解(と)いた日(ひ)にちを書(か)き入(い)れましょう。

チェック　ヒント

- □ ① スイス人(じん)はバナナ好(ず)き
- □ ② 赤(あか)の家(いえ)は緑(みどり)の家(いえ)の左(ひだり)どなり
- □ ③ ドイツ人(じん)は真(ま)ん中(なか)
- □ ④ マンゴー好(ず)きはバナナ好(ず)きのとなり
- □ ⑤ イギリス人(じん)は紫(むらさき)の家(いえ)
- □ ⑥ 緑(みどり)の家(いえ)は端(はし)

0	左(ひだり)	真(ま)ん中(なか)	右(みぎ)
国籍(こくせき)			
好(す)きなフルーツ			
家(いえ)の色(いろ)			

まず、ヒント③よりドイツ人(じん)を真(ま)ん中(なか)の枠(わく)に入(い)れます（枠(わく)の中(なか)には色字(いろじ)の部分(ぶぶん)のみ入(い)れます）。

1	左(ひだり)	真(ま)ん中(なか)	右(みぎ)
国籍(こくせき)		ドイツ	
好(す)きなフルーツ			
家(いえ)の色(いろ)			

次(つぎ)に、ヒント⑥とヒント②を連動(れんどう)させて考(かんが)えます。ヒント⑥より緑(みどり)の家(いえ)は右端(みぎはし)か左端(ひだりはし)に入(はい)ることがわかります。ヒント②より緑(みどり)の家(いえ)の左(ひだり)どなりに赤(あか)の家(いえ)があることがわかります。緑(みどり)の家(いえ)が左端(ひだりはし)にあると、赤(あか)の家(いえ)が入(はい)りません。そこで、緑(みどり)の家(いえ)を右端(みぎはし)に、赤(あか)の家(いえ)を真(ま)ん中(なか)に入(い)れます。

2	左(ひだり)	真(ま)ん中(なか)	右(みぎ)
国籍(こくせき)		ドイツ	
好(す)きなフルーツ			
家(いえ)の色(いろ)		赤(あか)	緑(みどり)

次に、ヒント⑤を使います。紫の家が入る枠は左端しかありません。そこで左端に紫の家とイギリス人を入れます。

3	左	真ん中	右
国籍	イギリス	ドイツ	
好きなフルーツ			
家の色	紫	赤	緑

次に、ヒント①を使います。スイス人が入る枠は右端しかありません。そこで右端にスイス人とバナナを入れます。

4	左	真ん中	右
国籍	イギリス	ドイツ	スイス
好きなフルーツ			バナナ
家の色	紫	赤	緑

次に、ヒント④を使います。バナナのとなりは真ん中の枠になります。そこで真ん中にマンゴーを入れます。

5	左	真ん中	右
国籍	イギリス	ドイツ	スイス
好きなフルーツ		マンゴー	バナナ
家の色	紫	赤	緑

最後は、問題文に注目します。メロンが入る枠は左端しかありません。そこで左端にメロンを入れます。

6	左	真ん中	右
国籍	イギリス	ドイツ	スイス
好きなフルーツ	メロン	マンゴー	バナナ
家の色	紫	赤	緑

以上の結果から、答えは【イギリス】ということになります。

#【本書の注意点】

本書の問題を解くにあたり、下記の注意点を読んでください。

★枠の中に入るワードはすべて異なります。1つの問題で、同じワードが2つ以上の枠の中に入ることはありません。

★ヒントの中の色字で書かれているワードは、必ず表のいずれかの枠の中に入ります。

★ヒントを使う順番は、ヒントの番号とは異なります。また、ヒントの使い方によっては、すべてのヒントを使う前に答えが出る可能性もあります。

★ヒントを使ったあと、ヒントの番号の左横にあるチェック欄（□）にチェックを入れると、使ったヒント、まだ使っていないヒントを区別できます。

★レベル8（アジア編②）では問題を解く過程で計算を必要とします。その計算によって出した【値段】の高い物ほど、枠のより左側に入る設定になっています。

南米編

レベル Level 1

南米編

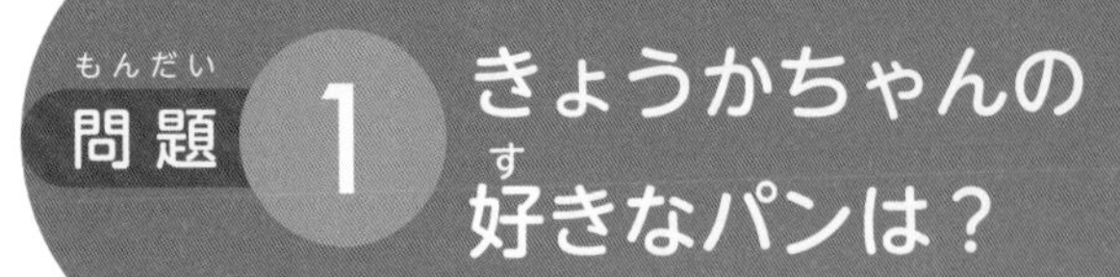

問題 1 きょうかちゃんの好きなパンは？

月　日

チェック　ヒント

- □ ① カレーパンを好きな人は右にいる
- □ ② アルゼンチンに行きたい人は真ん中にいる
- □ ③ アンパンを好きな人はペルーに行きたい
- □ ④ ジャムパンを好きなのはりさこちゃん
- □ ⑤ くるみちゃんはパラグアイに行きたい

地球儀を見るとわかるが、南アメリカは日本のほぼ裏側にあるんじゃ。みんなは行ってみたいかの?

1	左(ひだり)	真ん中(まなか)	右(みぎ)
名前(なまえ)			
行(い)きたい国(くに)			
好(す)きなパン			

答(こた)え

メモ　問題(もんだい)を解(と)くときに使(つか)ってね

南米編

問題 2 エクアドルに行きたい人はだれ？

月　日

チェック　ヒント

- ① ガムを好きな人は真ん中にいる
- ② だいちくんはガムを好きな人の左どなり
- ③ たくみくんはこうたくんより右
- ④ アメを好きなのはたくみくん
- ⑤ グミを好きな人はコロンビアに行きたい
- ⑥ こうたくんはチリに行きたい

南アメリカのほとんどの国ではスペイン語が使われとるんじゃ。南米に行くならスペイン語の勉強をするといいぞい。

2	左（ひだり）	真ん中（まんなか）	右（みぎ）
名前（なまえ）			
行きたい国（いきたいくに）			
好きなお菓子（すきなおかし）			

答え（こたえ）

メモ　問題（もんだい）を解（と）くときに使（つか）ってね

南米編

問題 3 ベネズエラに行きたい人はだれ？

月　日

チェック　ヒント

- □ ① ともかちゃんは左にいる
- □ ② 青のリボンを好きな人はひなちゃんの右どなり
- □ ③ さらちゃんはボリビアに行きたい
- □ ④ 白のリボンを好きな人はボリビアに行きたい人のとなり
- □ ⑤ 赤のリボンを好きな人はウルグアイに行きたい

問題は順調に解けているかの？　この問題はヒント②がくせものじゃな。よ〜く考えてみてくれい。

3	左(ひだり)	真ん中(まんなか)	右(みぎ)
名前(なまえ)			
行きたい国(いきたいくに)			
好きなリボンの色(すきなリボンのいろ)			

答え(こたえ)

メモ　問題(もんだい)を解(と)くときに使(つか)ってね

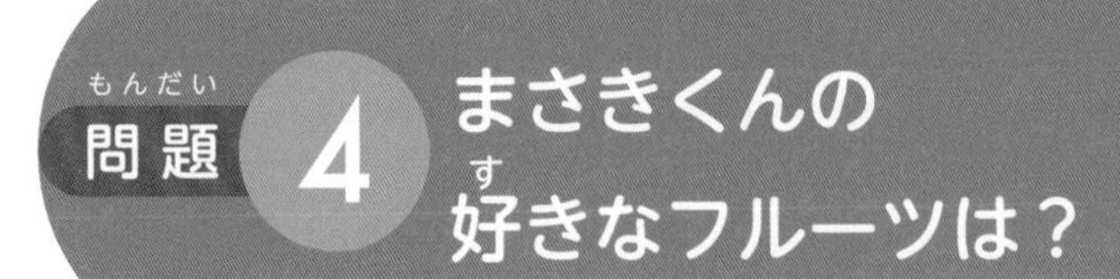

問題4 まさきくんの好きなフルーツは？

月　日

チェック　ヒント

- □ ① りんごを好きな人はガイアナに行きたい
- □ ② みかんを好きなのはたいがくん
- □ ③ ブラジルに行きたい人は右にいる
- □ ④ みつひろくんはスリナムに行きたい
- □ ⑤ ぶどうを好きな人は左にいる

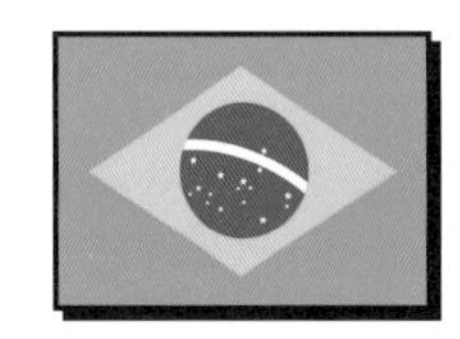

南アメリカの人口の半分はブラジル人なんじゃ。ブラジルといえばコーヒー、サンバ、サッカーが有名じゃな。

4	左	真ん中	右
名前			
行きたい国			
好きなフルーツ			

答え

メモ 問題を解くときに使ってね

ミニ問題① アミダを作ってみよう

例題

みんなは“アミダ”を知っているかの？
知らないお友達のためにやり方を簡単に説明するぞい。
図1を見てくれい。
上にA、B、Cと書いてあるじゃろ。
まず、そのうちの1つを選ぶんじゃ。
ここではAを選ぶとしよう。
①Aのところにある縦線を下に向かって進むんじゃ。
②横線があったら、横に向かうんじゃ。
③縦線にぶつかったら、必ず下に進むんじゃ。
④〜⑦でも同じように線をたどって一番下まで進むんじゃ。
Aは真ん中にたどり着いたので
100点ということになるのう。
ちなみにBは10点、Cは80点になるぞい。

図1

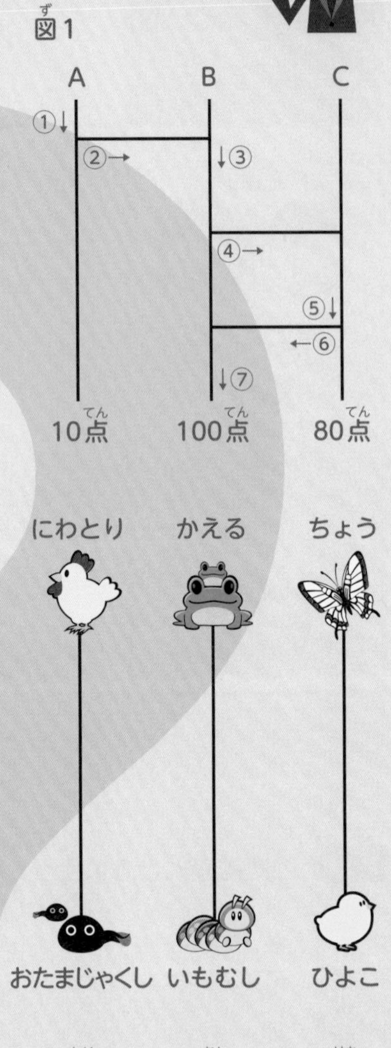

問題①

では、ここで問題じゃ。
上には大人になったときの呼び名が、
下には子どものときの呼び名が書いてあるぞい。
ここに横線を書き入れて、大人と子どもが合うように
アミダを作ってくれい。
（ヒント）
横線は2本、書き入れるようじゃの！

問題②

もう1問、アミダを使った問題じゃ。
横線を書き入れて
上と下が正しく結びつくような
アミダにしてくれい。
今度は横線を3本、書き入れてくれい。

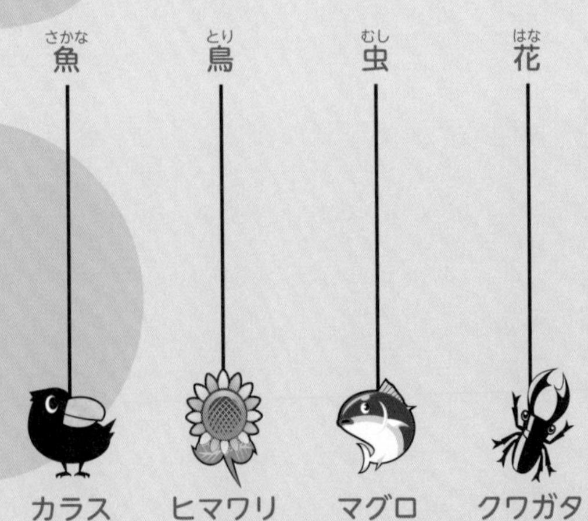

解答は104ページへ

オセアニア編（へん）

レベル Level

オセアニア編

問題 5 ミクロネシアに行きたい人はだれ？

月　日

チェック　ヒント

- □ ① ねこを好きな人はりすを好きな人の左どなり
- □ ② ねねちゃんはフィジーに行きたい
- □ ③ たぬきを好きな人は右にいる
- □ ④ ねこを好きな人はもえちゃんのとなり
- □ ⑤ パラオに行きたい人はほのかちゃんの左どなり

オセアニアは日本からず～と南に行ったところにあるぞい。日本が夏のとき、オセアニアは冬なんじゃよ。

5	左	真ん中	右
名前			
行きたい国			
好きな動物			

答え

メモ 問題を解くときに使ってね

オセアニア編

問題 6 オーストラリアに行きたい人はだれ？

月　日

チェック　ヒント

- □ ① ハンバーグを好きな人はしんたろうくんの2つ左
- □ ② オムライスを好きなのはけんすけくん
- □ ③ グラタンを好きな人はバヌアツに行きたい人のとなり
- □ ④ ようじくんはソロモン諸島に行きたい

「はじめに入るところが見つからない」じゃと?!　ヒント①をよく見てくれい。みんなの頭脳ならすぐわかるはずじゃ!!

6	左（ひだり）	真ん中（まんなか）	右（みぎ）
名前（なまえ）			
行きたい国（いきたいくに）			
好きな料理（すきなりょうり）			

答え（こたえ）

メモ　問題（もんだい）を解く（とく）ときに使って（つかって）ね

オセアニア編

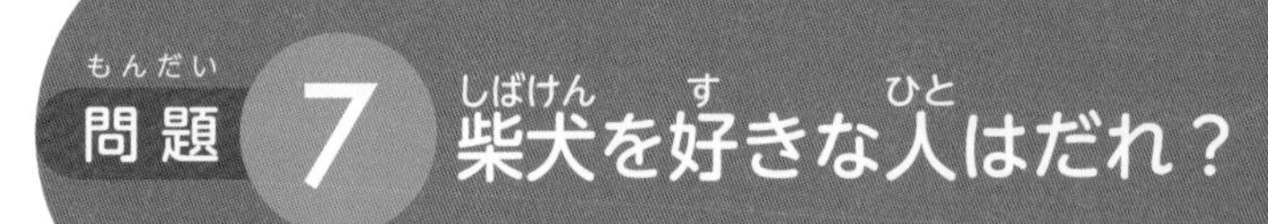

問題 7 柴犬を好きな人はだれ？

月　日

チェック　ヒント

- □ ① パグを好きな人はサモアに行きたい
- □ ② ポメラニアンを好きな人はまいちゃんの2つ右
- □ ③ みおちゃんはゆめちゃんの右どなり
- □ ④ トンガに行きたい人はゆめちゃんのとなり
- □ ⑤ マーシャル諸島に行きたい人は右にいる

柴犬は日本、ポメラニアンはヨーロッパのポメラニアン地方、パグは中国が原産国なんじゃよ。

7	左(ひだり)	真(ま)ん中(なか)	右(みぎ)
名前(なまえ)			
行(い)きたい国(くに)			
好(す)きな犬(いぬ)			

答(こた)え

メモ 問題(もんだい)を解(と)くときに使(つか)ってね

オセアニア編

問題 8 黄のクツを好きな人はだれ？

月　日

チェック　ヒント

- □ ① 黒のクツを好きな人は黄のクツを好きな人より左
- □ ② ニュージーランドに行きたい人は左にいる
- □ ③ きくおくんはツバルに行きたい人のとなり
- □ ④ 緑のクツを好きなのはげんたくん
- □ ⑤ キリバスに行きたい人はしんじくんの2つとなり

はじめに使うのはヒント②だとすぐわかるが、次が迷うところじゃのう。わしならヒント⑤を使うぞい。

8	左	真ん中	右
名前			
行きたい国			
好きなクツの色			

答え

メモ 問題を解くときに使ってね

ミニ問題② 4リットルの水を作ろう

わしの友達が庭に木を植えたそうなんじゃ。
ところが友達の家の水道管が壊れて、水が出なくなってしまったそうでのう。
その木は、毎日水を4リットルあげないといけないらしく
わしに「水を4リットル持ってきてくれ」と言うんじゃが
今、5リットル入るバケツと3リットル入るバケツしかないんじゃよ。
友達の家は少し離れているので、できれば1回で4リットルの水を運びたいんじゃが
どうやったらこの2つのバケツを使って4リットルの水を作ることができるかの？
なお、バケツにメモリなどは入っていないんじゃ。
また、水を移すときに水はこぼれないものとするぞい。
それと、うちの水道は壊れていないので、水の補充はいくらでもできるぞい。
少しもったいないが、水を捨てることもできるからの。

4ℓ リットル

解答欄

解答は104ページへ

北中米編（ほくちゅうべいへん）

レベル Level 3

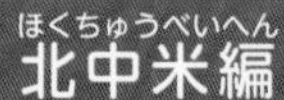

北中米編

問題 9 しおんちゃんの行きたい国は？

月　日

チェック　ヒント

- □ ① タカを好きな人はカナダに行きたい人の左どなり
- □ ② クジャクを好きな人はじゅりちゃんの左どなり
- □ ③ カナリヤを好きな人はパナマに行きたい
- □ ④ りこちゃんはみれいちゃんのとなり
- □ ⑤ ワシを好きな人はみれいちゃんのとなり
- □ ⑥ プエルトリコに行きたい人は右端にいる
- □ ⑦ コスタリカに行きたい人は左から2番目にいる

北中米はスペイン語と英語を使う国が多いんじゃが、カナダは英語とフランス語が通じるぞい。

9	左	ー	ー	右
名前				
行きたい国				
好きな鳥				

答え

メモ 問題を解くときに使ってね

北中米編

問題10 エルサルバドルに行きたい人はだれ？

月　日

チェック　ヒント

- ① クマゼミを好きな人はエゾゼミを好きな人の3つ左
- ② キューバに行きたい人はゆうやくんの右どなり
- ③ ミンミンゼミを好きな人はかいじくんの2つ右
- ④ しずるくんはジャマイカに行きたい
- ⑤ アブラゼミを好きな人はまさはるくんのとなり
- ⑥ ドミニカに行きたい人はエルサルバドルに行きたい人より左

ヒントにも出てくるエルサルバドルという国は中米にあるんじゃ。この国を漢字で書くと「救世主国」となるんじゃぞ。

10	左	ー	ー	右
名前				
行きたい国				
好きなセミ				

答え

メモ 問題を解くときに使ってね

問題 11 あいちゃんの行きたい国は？

月　日

チェック　ヒント

- □ ① AB型の人はゆきちゃんの3つ左
- □ ② B型の人はいちかちゃんの左どなり
- □ ③ あいちゃんはA型の人のとなり
- □ ④ バハマに行きたい人はベリーズに行きたい人より左
- □ ⑤ O型の人はホンジュラスに行きたい
- □ ⑥ おとはちゃんはメキシコに行きたい

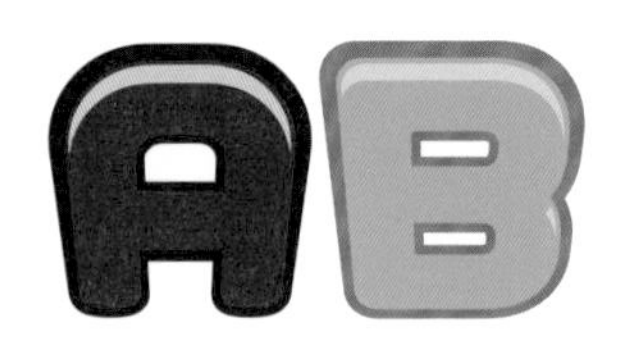

メキシコの首都・メキシコシティは、人口が約1億9千万人で、北中米でいちばん大きな街なんじゃ。

11	左(ひだり)	ー	ー	右(みぎ)
名前(なまえ)				
行(い)きたい国(くに)				
血液型(けつえきがた)				

答(こた)え

メモ　問題(もんだい)を解(と)くときに使(つか)ってね

北中米編

問題 12 たけとくんの身長は？

月　日

チェック　ヒント

- □ ① アメリカに行きたい人はハイチに行きたい人の2つ左
- □ ② 150cmの人はグアテマラに行きたい
- □ ③ じろうくんは130cmの人のとなり
- □ ④ こうがくんはかおるくんの2つ左
- □ ⑤ ニカラグアに行きたい人は左端にいる
- □ ⑥ 160cmの人は140cmの人の右どなり

カナダの北にあるアラスカも、太平洋にあるハワイも、どちらもアメリカ合衆国なんじゃよ。

12	左	ー	ー	右
名前				
行きたい国				
身長				

答え

メモ 問題を解くときに使ってね

ミニ問題③ 全員が川を渡るにはどうする？①

川の南側にお父さんと子ども２人がいるじゃろ。
彼らは川の北側に渡りたいらしいんじゃ。
ちょうどボートが１隻あったんじゃが、
このボート、子どもなら２人まで、大人だと１人しか乗ることができないんじゃ。
何回往復してもかまわないんじゃが、ボートはだれかが乗っていないと動かないぞい。
さて、どうやったら全員、川の北側に渡ることができるかの？

解答欄

解答は 105 ページへ

ヨーロッパ編①

レベル 

4

問題 13 スウェーデンに行きたい人はだれ？

月　日

チェック　ヒント

- □ ① 地球を好きな人は天王星を好きな人の左どなり
- □ ② 地球を好きな人は金星を好きな人の右どなり
- □ ③ 金星を好きなのはりんかちゃん
- □ ④ さやかちゃんはイギリスに行きたい
- □ ⑤ オーストリアに行きたい人はドイツに行きたい人の2つ右
- □ ⑥ 海王星を好きな人は左端にいる
- □ ⑦ ららちゃんはれなちゃんの左どなり

西ヨーロッパの時刻は日本より約8時間遅いんじゃ。だからテレビで生中継があると昼と夜が違っているんじゃよ。

13	左(ひだり)	ー	ー	右(みぎ)
名前(なまえ)				
行(い)きたい国(くに)				
好(す)きな惑星(わくせい)				

答(こた)え

メモ　問題(もんだい)を解(と)くときに使(つか)ってね

問題14 満月を好きな人はだれ？

月　日

チェック　ヒント

- □ ① じょうじくんはたいちくんより左
- □ ② じょうじくんはひでよしくんより右
- □ ③ たいちくんはベラルーシに行きたい
- □ ④ けんたろうくんは左から2番目にいる
- □ ⑤ 下弦の月を好きな人はスペインに行きたい人の2つ左
- □ ⑥ 三日月を好きな人はアイルランドに行きたい
- □ ⑦ 上弦の月を好きな人はルーマニアに行きたい人の2つとなり

じょうじくんが2つのヒントに出てくるようじゃのう。そういう場合は、その2つのヒントをいっしょに考えるといいぞい。

14	左（ひだり）	ー	ー	右（みぎ）
名前（なまえ）				
行（い）きたい国（くに）				
好（す）きな月（つき）の形（かたち）				

答（こた）え

メモ　問題（もんだい）を解（と）くときに使（つか）ってね

問題 15 ルクセンブルクに行きたい人はだれ？

月　　日

チェック　ヒント

- □ ① 白の帽子を好きな人は赤の帽子を好きな人の左どなり
- □ ② 黒の帽子を好きな人は赤の帽子を好きな人の2つ右
- □ ③ こいちゃんはノルウェーに行きたい
- □ ④ チェコに行きたい人はめるもちゃんの2つとなり
- □ ⑤ 青の帽子を好きな人はかれんちゃんの2つとなり
- □ ⑥ ハンガリーに行きたい人はまひるちゃんの2つ右

ルクセンブルクの人口は約60万人なんじゃ。ちなみに日本の人口は約1億2千500万人なんじゃよ。

15	左（ひだり）	―	―	右（みぎ）
名前（なまえ）				
行（い）きたい国（くに）				
好（す）きな帽子（ぼうし）の色（いろ）				

答（こた）え

メモ　問題（もんだい）を解（と）くときに使（つか）ってね

問題 16 かるたを好きな人はだれ？

月　日

チェック　ヒント

- □ ① フィンランドに行きたい人はえつろうくんの右どなり
- □ ② フィンランドに行きたい人はみちおくんの2つ左
- □ ③ ぬりえを好きな人はラトビアに行きたい人のとなり
- □ ④ おりがみを好きなのはじゅんやくん
- □ ⑤ ちはるくんはスロバキアに行きたい人の右どなり
- □ ⑥ すごろくを好きな人はデンマークに行きたい

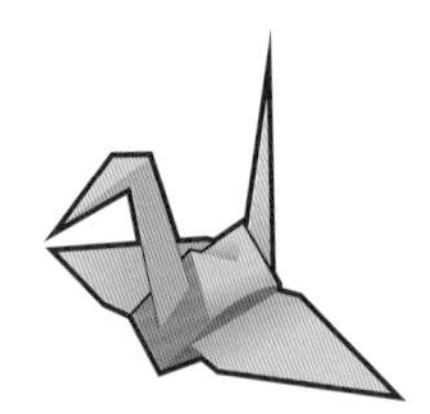

フィンランドがこの問題を解くキーワードになりそうじゃのう。それはなぜか……？
みんなならきっとわかるはずじゃ!!

16	左(ひだり)	ー	ー	右(みぎ)
名前(なまえ)				
行(い)きたい国(くに)				
好(す)きな室内遊(しつないあそ)び				

答(こた)え

メモ 問題(もんだい)を解(と)くときに使(つか)ってね

ミニ問題④　0～10を作ろう

みんなは足し算や引き算はできるかな？
「そんなの簡単だよ」じゃと？　ふむふむ、それは優秀じゃな。
では、掛け算や割り算はどうかな？
うむ、苦手なお友達もいるようじゃのう。
ここでは、４つの数字を１回ずつ使って計算をし、
０～10までの数字を作ってほしいんじゃ。
使う数字は【1】【2】【3】【4】の４つじゃ。

計算のルールを簡単に説明するぞい。
計算は、基本的には左から行うんじゃ。
もし掛け算、割り算があったら、足し算、引き算より先に計算するんじゃぞ。
(　)がある場合は、(　)の中を一番先に計算するんじゃ。

では、０を作る場合と１を作る場合の例を書くぞい。

$$1 + 4 - 2 - 3 = 0$$

$$(1 + 4) \div (2 + 3) = 1$$

では、みんなは２～10までを作ってくれい。

【　　　　　　　　　　】＝2
【　　　　　　　　　　】＝3
【　　　　　　　　　　】＝4
【　　　　　　　　　　】＝5
【　　　　　　　　　　】＝6
【　　　　　　　　　　】＝7
【　　　　　　　　　　】＝8
【　　　　　　　　　　】＝9
【　　　　　　　　　　】＝10

解答は105ページへ

ヨーロッパ編(へん)②

レベル Level 5

問題 17 ゆうりちゃんの好きな学校行事は？

月　日

チェック　ヒント

- □ ① ゆうりちゃんはブルガリアに行きたい人の2つ右
- □ ② 授業参観を好きな人はゆうりちゃんの2つ右
- □ ③ 音楽会を好きな人はフランスに行きたい人の2つ右
- □ ④ みらいちゃんはセルビアに行きたい人の2つ右
- □ ⑤ そらちゃんはエストニアに行きたい人のとなり
- □ ⑥ 運動会を好きな人はアンドラに行きたい人の2つとなり
- □ ⑦ 学芸会を好きな人はまりなちゃんのとなり
- □ ⑧ 遠足を好きなのははるかちゃん

この問題も少し難しいようじゃぞ。同じことばを使っているヒントをいっしょに考えると道が開けるぞい。

17	左	ー	真ん中	ー	右
名前					
行きたい国					
好きな学校行事					

答え

メモ　問題を解くときに使ってね

問題 18 ひかるくんの好きな祝日は？

月　日

チェック　ヒント

- □ ① ひかるくんはベルギーに行きたい人の3つ右
- □ ② さとしくんはリトアニアに行きたい人の右どなり
- □ ③ 成人の日を好きな人は春分の日を好きな人より左
- □ ④ クロアチアに行きたい人は左から2番目にいる
- □ ⑤ 海の日を好きな人はマルタに行きたい
- □ ⑥ 敬老の日を好きな人はようじろうくんのとなり
- □ ⑦ けんじくんはポルトガルに行きたい
- □ ⑧ スポーツの日を好きな人はなみへいくんの左どなり

ルクセンブルクの人口が少ないという話をしたが、マルタの人口はもっと少なく、約50万人なんじゃ。

18	左	ー	真ん中	ー	右
名前					
行きたい国					
好きな祝日					

答え

メモ 問題を解くときに使ってね

問題19 かのんちゃんの好きな曜日は？

月　日

チェック　ヒント

- [ ] ① 土曜日を好きな人はのりかちゃんのとなり
- [ ] ② 水曜日を好きな人はウクライナに行きたい人の2つ左
- [ ] ③ 金曜日を好きな人はモナコに行きたい人のとなり
- [ ] ④ 日曜日を好きな人は左端にいる
- [ ] ⑤ 火曜日を好きな人はロシアに行きたい
- [ ] ⑥ あきなちゃんはしずかちゃんの右どなり
- [ ] ⑦ ポーランドに行きたい人は右から2番目にいる
- [ ] ⑧ まやちゃんはスロベニアに行きたい

曜日

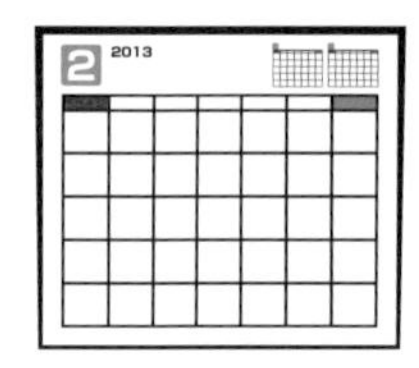

ロシアの国土（国の土地のことじゃ）の大きさは1700万平方キロメートルで、世界一の大きさなんじゃ。

19	左（ひだり）	ー	真ん中（まんなか）	ー	右（みぎ）
名前（なまえ）					
行きたい国（いきたいくに）					
好きな曜日（すきなようび）					

答え

メモ　問題を解くときに使ってね

問題20 じょいくんの好きな行事は？

月　日

チェック　ヒント

- □ ① じょいくんはようたくんより右
- □ ② 七夕を好きな人はギリシャに行きたい人の3つとなり
- □ ③ 十五夜を好きな人はイタリアに行きたい人の4つとなり
- □ ④ お盆を好きな人はスイスに行きたい人の2つとなり
- □ ⑤ てつやくんはオランダに行きたい人の2つとなり
- □ ⑥ マケドニアに行きたい人は左端にいる
- □ ⑦ 正月を好きな人はひでじくんの3つとなり
- □ ⑧ 節分を好きなのはこたろうくん

ヒント⑥をはじめに使うのはわかるが、次が難しいのう。国名が使われているヒントをよく見ることじゃ。

20	左（ひだり）	ー	真ん中（まんなか）	ー	右（みぎ）
名前（なまえ）					
行きたい国（いきたいくに）					
好きな行事（すきなぎょうじ）					

答え

メモ　問題を解くときに使ってね

ミニ問題⑤ 魔方陣

みんなは“魔方陣”を知っているのかの？
縦と横が同じ数の枠の中に数字が並んでいて、
それぞれの縦の合計、横の合計、斜めの合計がすべて同じものを魔方陣というんじゃ。
数字は1から順番に枠の数まであるので、3×3の魔方陣は1～9まで、
6×6の魔方陣は1～36までの数が1つずつ枠の中に入っているんじゃ。

例えば図1は5×5の魔方陣じゃ。
どの縦の列も、どの横の列も、また斜めの列も合計が65になっているじゃろ。

図1

3	20	7	24	11
16	8	25	12	4
9	21	13	5	17
22	14	1	18	10
15	2	19	6	23

魔方陣には神秘的な力があると言われており、
はるか昔の時代からお守りとして身につけている人もいるんじゃよ。

では、ここで問題じゃ。
みんなにも魔方陣を作ってもらうぞい。
作ってもらうのは魔方陣の中で一番小さい3×3の魔方陣じゃ。
入れる数字は1～9をそれぞれ1つずつじゃ。
パターンはいくつかあるので、自分のやり方で作ってみてくれい。
ちなみに1列の合計は15になるぞい。
ヒントは真ん中を5にすることじゃ。

うまくできたら
お守りにするといいかもしれないぞ。

解答は106ページへ

アフリカ編(へん)

レベル Level 6

アフリカ編

問題21 みどりちゃんの好きなおにぎりの具は？

月　日

チェック　ヒント

- □ ① まりかちゃんはガーナに行きたい
- □ ② コンブを好きな人はタラコを好きな人の3つ左
- □ ③ ツナマヨを好きな人はチュニジアに行きたい
- □ ④ オカカを好きな人はモロッコに行きたい人の3つとなり
- □ ⑤ ゆりやちゃんはナイジェリアに行きたい人の3つ左
- □ ⑥ シャケを好きな人は右から2番目にいる
- □ ⑦ もえみちゃんはみどりちゃんより右
- □ ⑧ ようこちゃんはセネガルに行きたい人のとなり

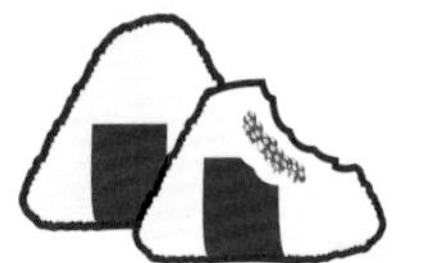

チュニジア、モロッコは北アフリカにあるんじゃが、ナイジェリア、ガーナ、セネガルは西アフリカにあるんじゃ。

21	左(ひだり)	ー	真ん中(まんなか)	ー	右(みぎ)
名前(なまえ)					
行(い)きたい国(くに)					
好(す)きな おにぎりの具(ぐ)					

答(こた)え

メモ 問題(もんだい)を解(と)くときに使(つか)ってね

アフリカ編

問題22 トーゴに行きたい人はだれ？

月　日

チェック　ヒント

- □ ① オレンジを好きな人とブルーベリーを好きな人は端にいる
- □ ② オレンジを好きな人はたかしくんの左どなり
- □ ③ ユズを好きな人はイチゴを好きな人の左どなり
- □ ④ ユズを好きなのはのびたくん
- □ ⑤ ベナンに行きたい人はじゅんじくんの右どなり
- □ ⑥ アンゴラに行きたい人はザンビアに行きたい人の右どなり
- □ ⑦ かずやくんはエチオピアに行きたい人の3つとなり
- □ ⑧ レモンを好きな人はとしおくんのとなり

ヒントを2ついっしょに考えないとできない問題があるぞい。この問題もヒント①とヒント②をいっしょに考えるんじゃ。

22	左	ー	真ん中	ー	右
名前					
行きたい国					
好きなジャム					

答え

メモ 問題を解くときに使ってね

アフリカ編

問題 23 カメルーンに行きたい人はだれ？

月　日

チェック　ヒント

- □ ① ワッフルを好きな人はやよいちゃんの左どなり
- □ ② クレープを好きな人はカステラを好きな人の2つ左
- □ ③ タルトを好きな人はみずきちゃんの4つとなり
- □ ④ アルジェリアに行きたい人はあけみちゃんの3つとなり
- □ ⑤ ホットケーキを好きな人は真ん中にいる
- □ ⑥ ギニアに行きたい人はカメルーンに行きたい人より右
- □ ⑦ ガボンに行きたい人はまさこちゃんの2つ右
- □ ⑧ かなちゃんはスーダンに行きたい

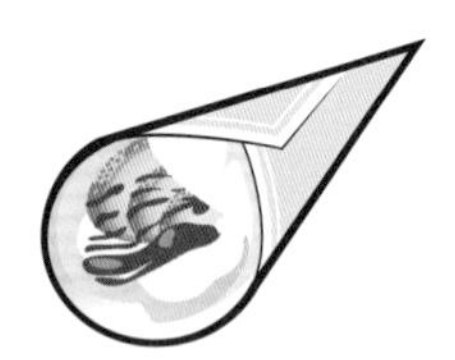

アルジェリア、スーダンは北アフリカ、ギニアは西アフリカ、カメルーン、ガボンは中央アフリカなんじゃ。

23	左	ー	真ん中	ー	右
名前					
行きたい国					
好きなお菓子					

答え

メモ　問題を解くときに使ってね

問題24 なおとくんの好きなサンドウィッチは？

月　日

チェック　ヒント

- □ ① ミックスサンドを好きな人は右から2番目にいる
- □ ② 玉子サンドを好きな人はカツサンドを好きな人の2つ左
- □ ③ 野菜サンドを好きな人はハムサンドを好きな人の左どなり
- □ ④ ケニアに行きたい人はコンゴに行きたい人の3つ右
- □ ⑤ ごうきくんはボツワナに行きたい人の3つとなり
- □ ⑥ よしおくんはこうじくんの左どなり
- □ ⑦ カツサンドを好きな人はエジプトに行きたい人の3つとなり
- □ ⑧ けんしろうくんはマリに行きたい

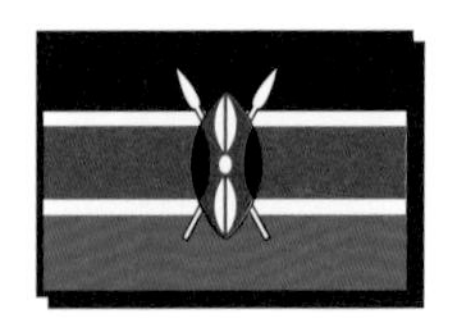

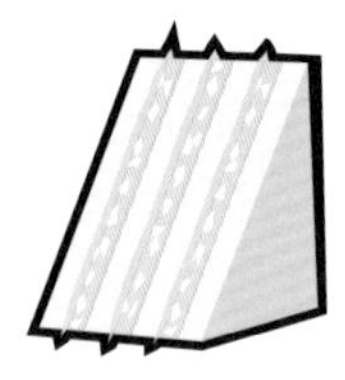

ピラミッドやスフィンクスで有名なエジプトは北アフリカにあるんじゃ。使っている言語はアラビア語なんじゃよ。

24	左	ー	真ん中	ー	右
名前					
行きたい国					
好きなサンドウィッチ					

答え

メモ 問題を解くときに使ってね

ミニ問題⑥ アミダを極めよう

ミニ問題①に続いて、アミダを使った問題じゃ。
上のことばと下のことばが正しく合うように
横線を書き入れてくれい。
ミニ問題①の解答ページ（104ページ）にある横線の引き方のヒントを
ぜひ使ってみてくれい。

問題①

上の国名が、その国の首都名に
たどり着くように横線を入れてくれい。
ちょっと難しいので、
ヒントを書いておくぞい。

フランス・・・・パリ
イギリス・・・・ロンドン
イタリア・・・・ローマ
スペイン・・・・マドリード
ドイツ・・・・・ベルリン

フランス　イギリス　イタリア　スペイン　ドイツ

マドリード　ロンドン　ベルリン　パリ　ローマ

問題②

上の県名が、そこの県庁所在地に
たどり着くように横線を書き入れてくれい。
これも難しいので、ヒントを書いておくぞい。

岩手県・・・・・盛岡市
茨城県・・・・・水戸市
愛知県・・・・・名古屋市
島根県・・・・・松江市
愛媛県・・・・・松山市
沖縄県・・・・・那覇市

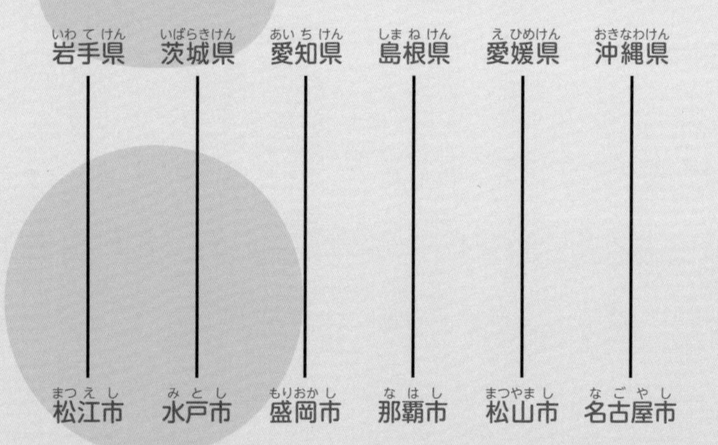

解答は107ページへ

アジア編(へん)①

レベル Level 7

アジア編①

問題25 おうし座の人はだれ？

月　日

チェック　ヒント

- □ ① やぎ座の人はおうし座の人より右
- □ ② りんちゃんは中国に行きたい人の3つ右
- □ ③ 強い人を好きな人は韓国に行きたい人の3つとなり
- □ ④ 清潔な人を好きな人はかに座
- □ ⑤ 優しい人を好きな人はゆうこちゃんの4つ左
- □ ⑥ 真面目な人を好きな人は日本に行きたい人の2つとなり
- □ ⑦ うお座の人はふたご座の人の3つ左
- □ ⑧ みさきちゃんは北朝鮮に行きたい人の3つとなり
- □ ⑨ 面白い人を好きな人はモンゴルに行きたい
- □ ⑩ れおなちゃんはほまれちゃんの2つ右

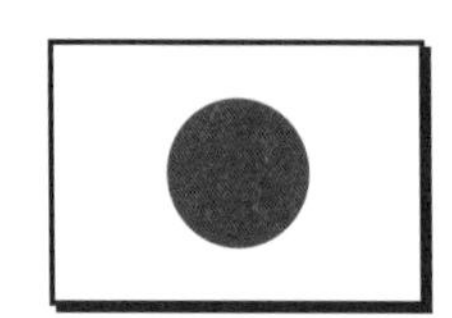

はじめにどのヒントを使っていいのか迷ったなら、ヒント⑤をもう一度見てみるといいぞい。

25	左	ー	真ん中	ー	右
名前					
行きたい国					
星座					
好きなタイプ					

答え

メモ 問題を解くときに使ってね

問題 26 ベトナムに行きたい人はだれ？

月　日

チェック　ヒント

- □ ① 奥入瀬川を好きな人はフィリピンに行きたい人の2つ左
- □ ② たかおくんの両どなりはもとやくんとかいとくん
- □ ③ さぶろうくんは11月生まれの人の3つ右
- □ ④ ゆうきくんは1月生まれの人の3つ左
- □ ⑤ もとやくんは5月生まれの人の3つ左
- □ ⑥ 吉野川を好きな人は3月生まれ
- □ ⑦ ミャンマーに行きたい人はベトナムに行きたい人より左
- □ ⑧ 淀川を好きな人は7月生まれの人の左どなり
- □ ⑨ 木曽川を好きな人はラオスに行きたい人のとなり
- □ ⑩ 最上川を好きな人はカンボジアに行きたい人の2つとなり

カンボジア、フィリピン、ベトナム、ミャンマー、ラオスはアジアの中でも東南アジアに位置する国なんじゃよ。

26	左	ー	真ん中	ー	右
名前					
行きたい国					
生まれた月					
好きな川					

答え

メモ 問題を解くときに使ってね

問題27 あいみちゃんのバッグの色は？

月　日

チェック　ヒント

- □ ① クイズを好きな人はこはるちゃんの左どなり
- □ ② ブルネイに行きたい人はマレーシアに行きたい人の左どなり
- □ ③ シンガポールに行きたい人は紫のバッグ
- □ ④ りかちゃんは赤のバッグの人の左どなり
- □ ⑤ インドネシアに行きたい人は真ん中にいる
- □ ⑥ ドラマを好きな人はスポーツを好きな人の左どなり
- □ ⑦ 緑のバッグの人はマレーシアに行きたい
- □ ⑧ バラエティを好きな人は右端にいる
- □ ⑨ ニュースを好きな人はタイに行きたい人の右どなり
- □ ⑩ 黒のバッグの人は左から2番目にいる
- □ ⑪ ゆりちゃんは白のバッグ
- □ ⑫ あいみちゃんはみりちゃんより右

簡単にわかるヒントがいくつもあるからすぐに解けると思うかもしれんが、あとのほうがちょっと難しいぞい。

27	左（ひだり）	ー	真ん中（まんなか）	ー	右（みぎ）
名前（なまえ）					
行きたい国（いきたいくに）					
バッグの色（いろ）					
好きなテレビ番組（すきなばんぐみ）					

答え（こたえ）

メモ　問題（もんだい）を解（と）くときに使（つか）ってね

アジア編①

問題 28 ゆうぞうくんの星座は？

月　日

チェック　ヒント

- □ ① おひつじ座の人はなおきくんの2つとなり
- □ ② バレーボールを好きな人は右から2番目にいる
- □ ③ ゴルフを好きな人はネパールに行きたい
- □ ④ サッカーを好きな人はブータンに行きたい人のとなり
- □ ⑤ みずがめ座の人は左から2番目にいる
- □ ⑥ てんびん座の人はインドに行きたい
- □ ⑦ いちろうくんはしし座の人のとなり
- □ ⑧ スリランカに行きたい人は右端にいる
- □ ⑨ テニスを好きな人はネパールに行きたい人の3つとなり
- □ ⑩ ラグビーを好きな人はパキスタンに行きたい
- □ ⑪ げんじくんははるひこくんの左どなり
- □ ⑫ さそり座の人はブータンに行きたい人のとなり

インド、スリランカ、ネパール、パキスタン、ブータンは南アジアに位置する国なんじゃよ。

28	左	ー	真ん中	ー	右
名前					
行きたい国					
星座					
好きな球技					

答え

メモ 問題を解くときに使ってね

ミニ問題⑦ 全員が川を渡るにはどうする？②

ミニ問題③に続いて、ボートで川を渡る問題じゃ。

よしこちゃん、かつおくん、すねおくん、わるおくんの４人が川の北側にいるぞい。そして、ここに２人乗りのボートが１隻あるから、これを使って４人全員が川の南側に渡れるようにしたいんじゃが、ちょっと問題が発生してしまったんじゃよ。

いつもは仲の良い４人なんじゃが、わるおくんは、かつおくん、すねおくんとケンカをしてしまって、今は仲が悪いんじゃ。わるおくんとかつおくんを２人きりにするとケンカが始まりそうじゃ。わるおくんとすねおくんを２人きりにしてもケンカをしそうなんじゃよ。わるおくんとかつおくんとすねおくんの３人だけになってもケンカが起こりそうで、困っているんじゃよ。

途中でケンカをせずに無事に４人が川の南側に行くにはどうしたらいいんじゃろうか？
ちなみにボートはだれかが乗っていないと動かないぞい。
そして、川を渡った人はみんなが揃うまで渡ったところで待っていなければいけないんじゃ。
川の南側には４人の大好きな遊園地があるので、うまく渡れれば元の仲良しになれるじゃろうな。

解答欄

解答は108ページへ

アジア編②

レベル Level 8

問題 29 トルクメニスタンに行きたい人はだれ？

月　日

チェック　ヒント

- □ ① スカーフはティアラより2千円安い
- □ ② ロザリオはシュシュの4倍の値段
- □ ③ みきちゃんはブレスレットを欲しい人のとなり

- □ ④ タジキスタンに行きたい人ははなちゃんの右どなり
- □ ⑤ キルギスに行きたい人はカザフスタンに行きたい人の2つ右
- □ ⑥ ティアラは5千円
- □ ⑦ まこちゃんはさゆみちゃんの3つ右
- □ ⑧ すずちゃんはウズベキスタンに行きたい
- □ ⑨ ブレスレットはスカーフの3倍の値段
- □ ⑩ ティアラはシュシュより3千円高い

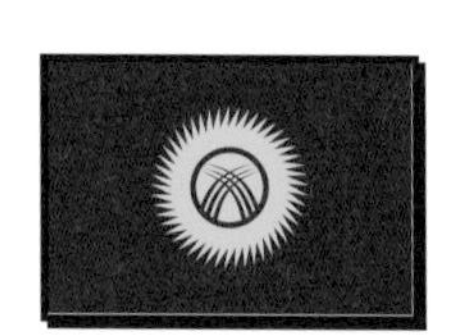

ウズベキスタン、カザフスタン、キルギス、タジキスタン、トルクメニスタンは中央アジアなんじゃよ。

29	高い(たか) 左(ひだり)	ー	真ん中(まなか)	ー	安い(やす) 右(みぎ)
名前(なまえ)					
行きたい国(いくに)					
欲しい(ほ)アクセサリー					
アクセサリーの値段(ねだん)					

答え(こた)

メモ　問題(もんだい)を解く(と)ときに使って(つか)ね

アジア編 ②

問題 30 まさしくんの欲しい家電は？

月　日

チェック　ヒント

- ① プリンターはドライヤーの2倍の値段
- ② プリンターはドライヤーより1万円高い
- ③ バーレーンに行きたい人はかずしくんの4つ右
- ④ イラクに行きたい人はヨルダンに行きたい人の2つ左
- ⑤ テレビはプリンターの5倍の値段
- ⑥ しゅうとくんはクウェートに行きたい人の2つ左
- ⑦ まさしくんはよしきくんより右
- ⑧ パソコンはドライヤーの3倍の値段
- ⑨ ブルーレイはパソコンより5万円高い
- ⑩ こうきくんはレバノンに行きたい人の2つとなり

ヒント①とヒント②を合わせてよ〜く考えてみてくれい。ドライヤーとプリンターの値段がわかるはずじゃ。

30	高い 左	ー	真ん中	ー	安い 右
名前					
行きたい国					
欲しい家電					
家電の値段					

答え

メモ　問題を解くときに使ってね

アジア編 ②

問題 31 ゆいちゃんの欲しい宝石は？

月　日

チェック　ヒント

- □ ① エメラルドはルビーの10倍の値段
- □ ② エメラルドはルビーより90万円高い

- □ ③ かりんちゃんはオマーンに行きたい人の3つ右

- □ ④ あすかちゃんはカタールに行きたい人の右どなり
- □ ⑤ れいちゃんはイエメンに行きたい人の2つとなり
- □ ⑥ ルビーはオパールの2倍の値段
- □ ⑦ サウジアラビアに行きたい人は左から2番目にいる
- □ ⑧ さえちゃんはシリアに行きたい人の3つとなり
- □ ⑨ サファイアはオパールの5倍の値段
- □ ⑩ ダイヤモンドはルビーの12倍の値段

イエメン、オマーン、カタール、サウジアラビア、シリアは、いずれも西アジアに位置する国だぞい。

31	高い 左	ー	真ん中	ー	安い 右
名前					
行きたい国					
欲しい宝石					
宝石の値段					

答え

メモ　問題を解くときに使ってね

アジア編②

問題32 たろうくんの欲しい乗り物は？

月　日

チェック　ヒント

- □ ① 一輪車は乳母車の2倍の値段
- □ ② 一輪車は乳母車より5万円高い
- □ ③ まことくんはキプロスに行きたい人の3つ右
- □ ④ 三輪車は一輪車より8万円安い
- □ ⑤ りゅういちくんはじゅんくんの2つ左
- □ ⑥ イランに行きたい人はイスラエルに行きたい人より右
- □ ⑦ トルコに行きたい人はまことくんの右どなり
- □ ⑧ 人力車は自転車の5倍の値段
- □ ⑨ 人力車は自転車より240万円高い
- □ ⑩ じゅんくんはパレスチナに行きたい
- □ ⑪ はるとくんはイスラエルに行きたい人ではない

おぉ、もう最後の問題か。みんなはどの乗り物が好きかの？　わしはこの中では人力車がいちばん好きじゃな。

32	高い 左	ー	真ん中	ー	安い 右
名前					
行きたい国					
欲しい乗り物					
乗り物の値段					

答え

メモ　問題を解くときに使ってね

ミニ問題⑧　1リットルの水を作ろう

ミニ問題②に続いて、水の問題じゃ。
実は、わしも1本、木を買ってしまってのう。
その木は小ぶりな木で、
一日に1リットルの水をあげればいいんじゃ。

ところがじゃ。
バケツは3つもあるんじゃが、
それぞれ12リットル、9リットル、
7リットル入るバケツで
1リットルだけ入るバケツがないんじゃ。
さて、この3つのバケツを使って
1リットルの水を作りたいんじゃが
どうしたらいいかの？

1ℓ リットル

バケツにメモリなどは入っていないぞよ。
また、水を移すときに水はこぼれないものとするぞい。
それと、うちの水道は壊れていないので
水の補充はいくらでもできるからの!!

解答欄

解答は108ページへ

解答編

Answer

【解答の＜ヒントの順番例＞の見方】

＜ヒントの順番例＞の順にヒントを使うと、答えを導き出すことができます。【①&②】と表記されているものは、ヒント①とヒント②をいっしょに考えてください。『問題文』と書かれているものは、問題文をヒントとして使うことを表しています。

Answer かいとう

＜ヒントの順番例(じゅんばんれい)＞
①②③④⑤問題文(もんだいぶん)

答(こた)え
【アンパン】

1	左(ひだり)	真(ま)ん中(なか)	右(みぎ)
名前(なまえ)	きょうか	りさこ	くるみ
行(い)きたい国(くに)	ペルー	アルゼンチン	パラグアイ
好(す)きなパン	アンパン	ジャムパン	カレーパン

＜ヒントの順番例(じゅんばんれい)＞
①②③④⑤⑥問題文(もんだいぶん)

答(こた)え
【たくみくん】

2	左(ひだり)	真(ま)ん中(なか)	右(みぎ)
名前(なまえ)	だいち	こうた	たくみ
行(い)きたい国(くに)	コロンビア	チリ	エクアドル
好(す)きなお菓子(かし)	グミ	ガム	アメ

<ヒントの順番例>
①②③④⑤問題文

答え
【ひなちゃん】

3	左	真ん中	右
名前	ともか	ひな	さら
行きたい国	ウルグアイ	ベネズエラ	ボリビア
好きなリボンの色	赤	白	青

<ヒントの順番例>
③⑤①②④問題文

答え
【りんご】

4	左	真ん中	右
名前	みつひろ	まさき	たいが
行きたい国	スリナム	ガイアナ	ブラジル
好きなフルーツ	ぶどう	りんご	みかん

Answer かいとう

＜ヒントの順番例＞
③①④⑤②問題文

答え
【ほのかちゃん】

5	左	真ん中	右
名前	ねね	もえ	ほのか
行きたい国	フィジー	パラオ	ミクロネシア
好きな動物	ねこ	りす	たぬき

＜ヒントの順番例＞
①②③④問題文

答え
【しんたろうくん】

6	左	真ん中	右
名前	ようじ	けんすけ	しんたろう
行きたい国	ソロモン諸島	バヌアツ	オーストラリア
好きな料理	ハンバーグ	オムライス	グラタン

＜ヒントの順番例（じゅんばんれい）＞
⑤②③④①問題文（もんだいぶん）

答（こた）え
【まいちゃん】

7	左（ひだり）	真（ま）ん中（なか）	右（みぎ）
名前（なまえ）	まい	ゆめ	みお
行（い）きたい国（くに）	トンガ	サモア	マーシャル諸島（しょとう）
好（す）きな犬（いぬ）	柴犬（しばけん）	パグ	ポメラニアン

＜ヒントの順番例（じゅんばんれい）＞
②⑤③④①

答（こた）え
【きくおくん】

8	左（ひだり）	真（ま）ん中（なか）	右（みぎ）
名前（なまえ）	しんじ	げんた	きくお
行（い）きたい国（くに）	ニュージーランド	ツバル	キリバス
好（す）きなクツの色（いろ）	黒（くろ）	緑（みどり）	黄（き）

<ヒントの順番例>
⑥⑦①③②⑤④問題文

答え
【パナマ】

9	左	ー	ー	右
名前	しおん	りこ	みれい	じゅり
行きたい国	パナマ	コスタリカ	カナダ	プエルトリコ
好きな鳥	カナリヤ	タカ	クジャク	ワシ

<ヒントの順番例>
①③⑤②④⑥

答え
【ゆうやくん】

10	左	ー	ー	右
名前	かいじ	ゆうや	まさはる	しずる
行きたい国	ドミニカ	エルサルバドル	キューバ	ジャマイカ
好きなセミ	クマゼミ	アブラゼミ	ミンミンゼミ	エゾゼミ

＜ヒントの順番例＞
①②③⑤⑥④

答え
【バハマ】

11	左	ー	ー	右
名前	おとは	あい	いちか	ゆき
行きたい国	メキシコ	バハマ	ベリーズ	ホンジュラス
血液型	AB型	B型	A型	O型

＜ヒントの順番例＞
⑤①②⑥③④問題文

答え
【140cm】

12	左	ー	ー	右
名前	たけと	こうが	じろう	かおる
行きたい国	ニカラグア	アメリカ	グアテマラ	ハイチ
身長	140cm	160cm	150cm	130cm

Answer かいとう

＜ヒントの順番例(じゅんばんれい)＞
⑥【①&②】③⑦④⑤問題文(もんだいぶん)

答(こた)え
【ららちゃん】

13	左(ひだり)	ー	ー	右(みぎ)
名前(なまえ)	さやか	りんか	らら	れな
行(い)きたい国(くに)	イギリス	ドイツ	スウェーデン	オーストリア
好(す)きな惑星(わくせい)	海王星(かいおうせい)	金星(きんせい)	地球(ちきゅう)	天王星(てんのうせい)

＜ヒントの順番例(じゅんばんれい)＞
④【①&②】③⑤⑥⑦問題文(もんだいぶん)

答(こた)え
【たいちくん】

14	左(ひだり)	ー	ー	右(みぎ)
名前(なまえ)	ひでよし	けんたろう	じょうじ	たいち
行(い)きたい国(くに)	ルーマニア	アイルランド	スペイン	ベラルーシ
好(す)きな月(つき)の形(かたち)	下弦(かげん)の月(つき)	三日月(みかづき)	上弦(じょうげん)の月(つき)	満月(まんげつ)

＜ヒントの順番例＞
【①&②】⑤⑥③④問題文

答え
【かれんちゃん】

15	左	ー	ー	右
名前	かれん	まひる	こい	めるも
行きたい国	ルクセンブルク	チェコ	ノルウェー	ハンガリー
好きな帽子の色	白	赤	青	黒

＜ヒントの順番例＞
【①&②】⑤④⑥③問題文

答え
【えつろうくん】

16	左	ー	ー	右
名前	えつろう	ちはる	じゅんや	みちお
行きたい国	スロバキア	フィンランド	ラトビア	デンマーク
好きな室内遊び	かるた	ぬりえ	おりがみ	すごろく

＜ヒントの順番例＞

【①&②】③④⑤⑥⑧⑦

答え

【学芸会】

17	左	ー	真ん中	ー	右
名前	はるか	まりな	ゆうり	そら	みらい
行きたい国	ブルガリア	フランス	セルビア	アンドラ	エストニア
好きな学校行事	遠足	運動会	学芸会	音楽会	授業参観

＜ヒントの順番例＞

④①②⑦⑤⑧⑥③

答え

【春分の日】

18	左	ー	真ん中	ー	右
名前	ようじろう	なみへい	けんじ	ひかる	さとし
行きたい国	ベルギー	クロアチア	ポルトガル	リトアニア	マルタ
好きな祝日	スポーツの日	敬老の日	成人の日	春分の日	海の日

＜ヒントの順番例(じゅんばんれい)＞
④⑦②⑤③①⑧⑥問題文(もんだいぶん)

答(こた)え
【土曜日(どようび)】

19	左(ひだり)	ー	真(ま)ん中(なか)	ー	右(みぎ)
名前(なまえ)	まや	しずか	あきな	のりか	かのん
行(い)きたい国(くに)	スロベニア	ロシア	モナコ	ポーランド	ウクライナ
好(す)きな曜日(ようび)	日曜日(にちようび)	火曜日(かようび)	水曜日(すいようび)	金曜日(きんようび)	土曜日(どようび)

＜ヒントの順番例(じゅんばんれい)＞
⑥③②④⑦⑤⑧①

答(こた)え
【正月(しょうがつ)】

20	左(ひだり)	ー	真(ま)ん中(なか)	ー	右(みぎ)
名前(なまえ)	ひでじ	ようた	こたろう	じょい	てつや
行(い)きたい国(くに)	マケドニア	ギリシャ	オランダ	スイス	イタリア
好(す)きな行事(ぎょうじ)	十五夜(じゅうごや)	お盆(ぼん)	節分(せつぶん)	正月(しょうがつ)	七夕(たなばた)

＜ヒントの順番例(じゅんばんれい)＞　答(こた)え

⑥②④③⑤①⑧⑦　【シャケ】

21	左(ひだり)	ー	真(ま)ん中(なか)	ー	右(みぎ)
名前(なまえ)	まりか	ゆりや	ようこ	みどり	もえみ
行(い)きたい国(くに)	ガーナ	セネガル	チュニジア	モロッコ	ナイジェリア
好(す)きなおにぎりの具(ぐ)	オカカ	コンブ	ツナマヨ	シャケ	タラコ

＜ヒントの順番例(じゅんばんれい)＞　答(こた)え

【①&②】【③&④】⑧⑤⑦⑥問題文(もんだいぶん)　【としおくん】

22	左(ひだり)	ー	真(ま)ん中(なか)	ー	右(みぎ)
名前(なまえ)	としお	たかし	のびた	じゅんじ	かずや
行(い)きたい国(くに)	トーゴ	エチオピア	ザンビア	アンゴラ	ベナン
好(す)きなジャム	オレンジ	レモン	ユズ	イチゴ	ブルーベリー

<ヒントの順番例>

⑤②①③⑦⑧④⑥

答え

【みずきちゃん】

23	左	ー	真ん中	ー	右
名前	みずき	やよい	まさこ	かな	あけみ
行きたい国	カメルーン	アルジェリア	ギニア	スーダン	ガボン
好きなお菓子	ワッフル	クレープ	ホットケーキ	カステラ	タルト

<ヒントの順番例>

①【②&③】⑦④⑤⑧⑥問題文

答え

【野菜サンド】

24	左	ー	真ん中	ー	右
名前	なおと	ごうき	けんしろう	よしお	こうじ
行きたい国	コンゴ	エジプト	マリ	ケニア	ボツワナ
好きなサンドウィッチ	野菜サンド	ハムサンド	玉子サンド	ミックスサンド	カツサンド

Answer かいとう

＜ヒントの順番例＞

⑤②⑩⑧③⑥⑨④⑦①

答え

【ほまれちゃん】

25	左	ー	真ん中	ー	右
名前	ほまれ	みさき	れおな	りん	ゆうこ
行きたい国	中国	韓国	モンゴル	日本	北朝鮮
星座	おうし座	うお座	やぎ座	かに座	ふたご座
好きなタイプ	優しい人	真面目な人	面白い人	清潔な人	強い人

＜ヒントの順番例＞

【④&⑤&②】③⑧⑥①【⑨&⑩】⑦

答え

【たかおくん】

26	左	ー	真ん中	ー	右
名前	ゆうき	もとや	たかお	かいと	さぶろう
行きたい国	ミャンマー	カンボジア	ベトナム	ラオス	フィリピン
生まれた月	3月	11月	7月	1月	5月
好きな川	吉野川	淀川	奥入瀬川	最上川	木曽川

<ヒントの順番例>

⑤⑧⑩【②&⑦】③⑨⑥①【④&⑪】⑫

答え

【赤】

27	左	ー	真ん中	ー	右
名前	みり	りか	あいみ	ゆり	こはる
行きたい国	シンガポール	タイ	インドネシア	ブルネイ	マレーシア
バッグの色	紫	黒	赤	白	緑
好きなテレビ番組	ドラマ	スポーツ	ニュース	クイズ	バラエティ

<ヒントの順番例>

②⑤⑧【⑨&③】④⑩⑥⑫【①&⑦】⑪問題文

答え

【しし座】

28	左	ー	真ん中	ー	右
名前	げんじ	はるひこ	なおき	ゆうぞう	いちろう
行きたい国	パキスタン	ネパール	インド	ブータン	スリランカ
星座	おひつじ座	みずがめ座	てんびん座	しし座	さそり座
好きな球技	ラグビー	ゴルフ	サッカー	バレーボール	テニス

Answer かいとう

＜ヒントの順番例＞　　答え

【⑥&①&⑨&⑩&②】③⑦④⑧⑤問題文　　【みきちゃん】

29	高い 左	ー	真ん中	ー	安い 右
名前	さゆみ	みき	はな	まこ	すず
行きたい国	カザフスタン	トルクメニスタン	キルギス	タジキスタン	ウズベキスタン
欲しいアクセサリー	ブレスレット	ロザリオ	ティアラ	スカーフ	シュシュ
アクセサリーの値段	9千円	8千円	5千円	3千円	2千円

＜ヒントの順番例＞　　答え

【①&②&⑤&⑧&⑨】③⑥④⑩⑦　　【ドライヤー】

30	高い 左	ー	真ん中	ー	安い 右
名前	かずし	しゅうと	よしき	こうき	まさし
行きたい国	イラク	レバノン	ヨルダン	クウェート	バーレーン
欲しい家電	テレビ	ブルーレイ	パソコン	プリンター	ドライヤー
家電の値段	10万円	8万円	3万円	2万円	1万円

＜ヒントの順番例＞

【①&②&⑥&⑨&⑩】⑦③④⑧⑤問題文

答え

【サファイア】

31	高い 左	ー	真ん中	ー	安い 右
名前	れい	さえ	ゆい	かりん	あすか
行きたい国	オマーン	サウジアラビア	イエメン	カタール	シリア
欲しい宝石	ダイヤモンド	エメラルド	サファイア	ルビー	オパール
宝石の値段	１２０万円	１００万円	２５万円	１０万円	５万円

＜ヒントの順番例＞

【①&②&④&⑧&⑨】【③&⑦】【⑤&⑩】⑥⑪問題文

答え

【自転車】

32	高い 左	ー	真ん中	ー	安い 右
名前	りゅういち	たろう	じゅん	まこと	はると
行きたい国	キプロス	イスラエル	パレスチナ	イラン	トルコ
欲しい乗り物	人力車	自転車	一輪車	乳母車	三輪車
乗り物の値段	３００万円	６０万円	１０万円	５万円	２万円

ミニ問題① アミダを作ってみよう

問題 016 ページ

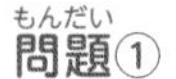

問題②

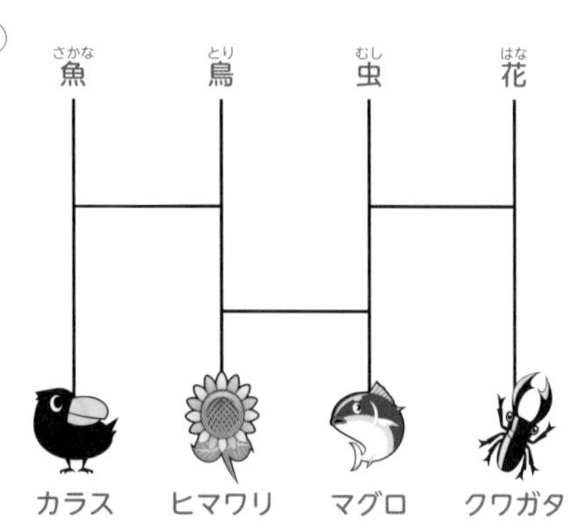

ワンポイントアドバイス

図Aのようにあみだの形ではなく、対応する場所へまっすぐ線を引いてみてくれい。2本の線が交差したところが、あみだでは横線になるんじゃ。ここでは交差する点が4つあるから、横線は4本となるんじゃ。上の①が下の①に着くまでに3本の横線を通る、上の②が下の②に着くまでに2本の横線を通ることがわかるじゃろ。これをヒントにすれば、アミダ問題は簡単に解けるはずじゃ。作り方をマスターしたら、お友達にも教えてあげてくれい。ただし、線を引くときに、3本以上の線が同時に交わらないように注意してくれい。

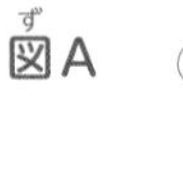

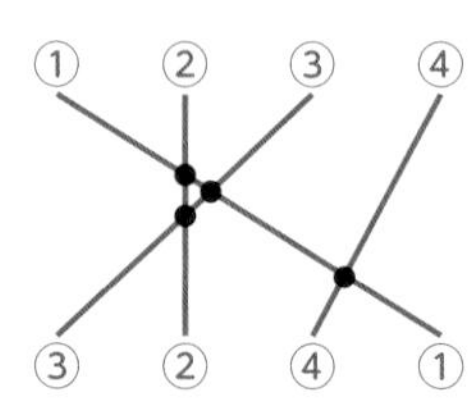

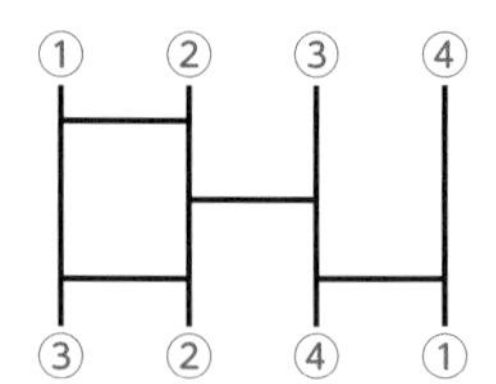

ミニ問題② 4リットルの水を作ろう

問題 026 ページ

説明をしやすくするために5リットル入るバケツをA、3リットル入るバケツをBとするぞい。

①	Bに3リットルの水を入れる	(A＝0、B＝3)
②	Bの水をAに移す	(A＝3、B＝0)
③	Bに3リットルの水を入れる	(A＝3、B＝3)
④	Bの水をAがいっぱいになるまで入れる	(A＝5、B＝1)
⑤	Aの水を捨てる	(A＝0、B＝1)
⑥	Bの水をAに移す	(A＝1、B＝0)
⑦	Bに3リットルの水を入れる	(A＝1、B＝3)
⑧	Bの水をAに入れる	(A＝4、B＝0)

簡単に言うと、3＋3－5＋3＝4ということなんじゃよ。

ミニ問題③ 全員が川を渡るにはどうする？①

問題 036ページ

	南側		ボート	北側
①	大人、子どもA、子どもB			
②	大人	→	子どもA、子どもB	
③	大人	←	子どもA	子どもB
④	子どもA	→	大人	子どもB
⑤	子どもA	←	子どもB	大人
⑥		→	子どもA、子どもB	大人
⑦				大人、子どもA、子どもB

はじめに渡った子どもAと子どもBがそれぞれ1回ずつ1人で戻るところがポイントじゃな。
ちなみに、3番以降の子どもの往き来は、子どもＡと子どもＢが逆でも正解じゃぞ。

ミニ問題④ 0～10を作ろう

問題 046ページ

ここに書くのは１つの例じゃ。
他の計算方法もあるはずじゃよ。

$4+2-3-1=2$

$3\times(4-2-1)=3$

$4+3-2-1=4$

$4+3-2\times1=5$

$3\times(4-2)\times1=6$

$4\times3\div2+1=7$

$4+3+2-1=8$

$4+3+2\times1=9$

$4+3+2+1=10$

ミニ問題⑤ 魔方陣

問題 056 ページ

答えの例じゃ。
これ以外にも
正解はあるので
自分で確認してみてくれい。

4	9	2
3	5	7
8	1	6

さて、ここで魔方陣に関する豆知識じゃ。
3×3や5×5のように1辺が奇数のものを
奇数魔方陣、
4×4や8×8のように1辺が偶数のものを
偶数魔方陣と呼ぶんじゃぞ。

図A

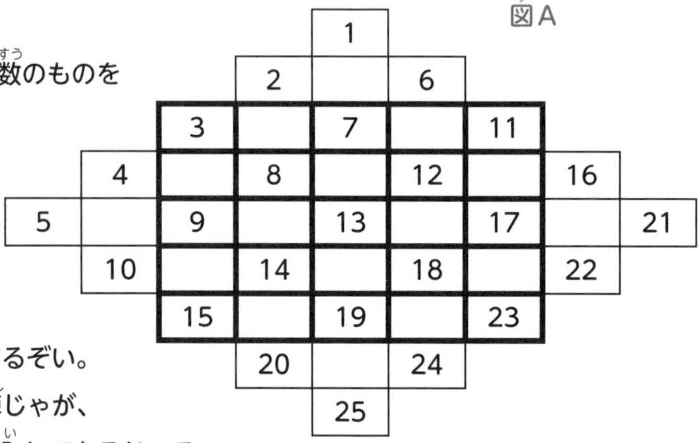

				1				
			2		6			
		3		7		11		
	4		8		12		16	
5		9		13		17		21
	10		14		18		22	
		15		19		23		
			20		24			
				25				

では
奇数魔方陣の作り方を1つ紹介するぞい。
図Aの太枠部分は5×5の魔方陣じゃが、
上下左右に山のような出っ張りを入れてあるじゃろ。
この出っ張りをうまく利用すると簡単に魔方陣ができるんじゃ。
まず、上の頂点から斜め左下に向かって
数字を入れていくんじゃ。図Aのように25まで入れたら、
図Bのように出っ張り部分の数字を
枠の反対側の空いているところに入れるんじゃ。

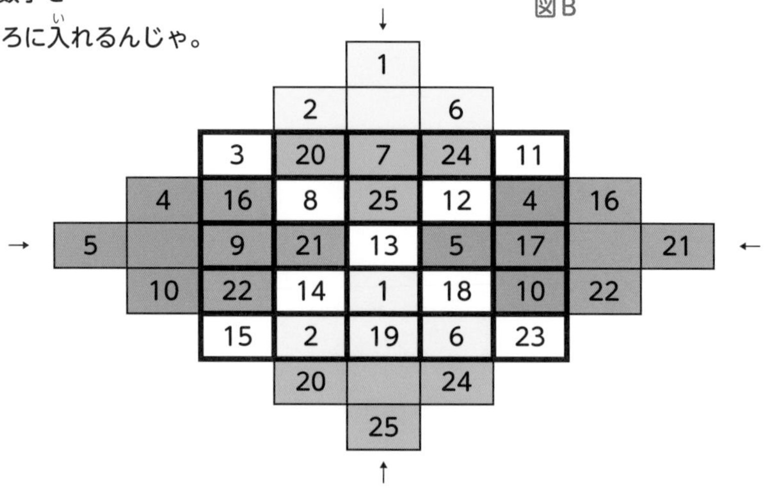

すると、太枠の中に5×5の
魔方陣が完成するんじゃよ。

図B

				1				
			2		6			
		3	20	7	24	11		
	4	16	8	25	12	4	16	
5		9	21	13	5	17		21
	10	22	14	1	18	10	22	
		15	2	19	6	23		
			20		24			
				25				

ミニ問題⑥ アミダを極めよう

問題 066 ページ

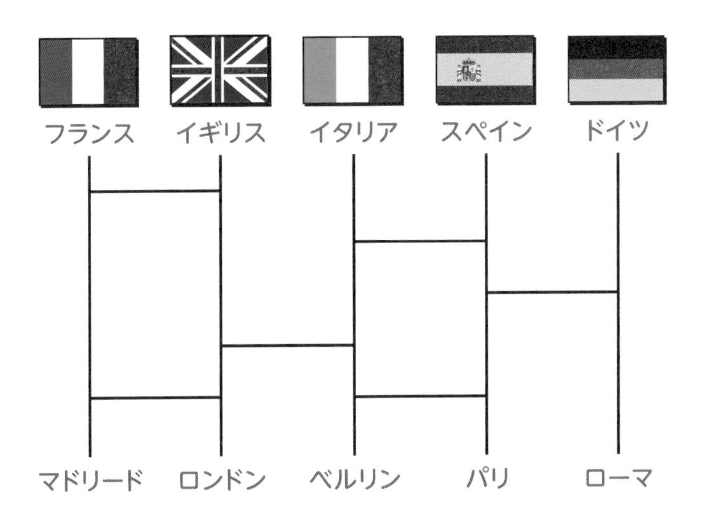

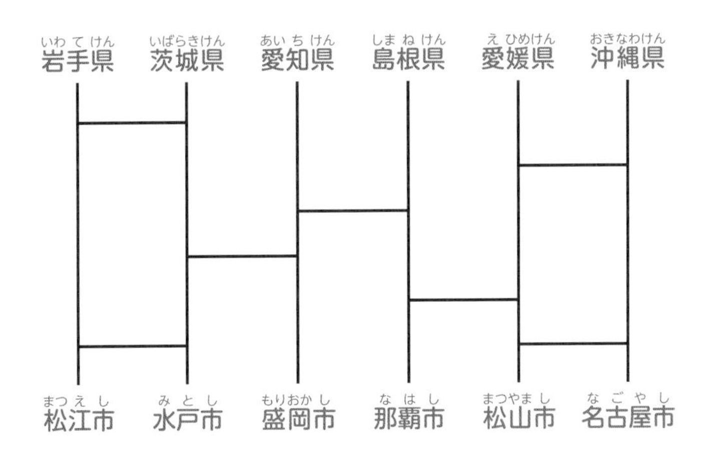

ミニ問題⑦ 全員が川を渡るにはどうする？②

問題 076 ページ

	北側		ボート	南側
①	すねお、かつお、よしこ、わるお			
②	よしこ、わるお	→	かつお、すねお	
③	よしこ、わるお	←	かつお	すねお
④	わるお	→	よしこ、かつお	すねお
⑤	わるお	←	よしこ	すねお、かつお
⑥		→	よしこ、わるお	すねお、かつお
⑦				すねお、かつお、よしこ、わるお

このようにすればケンカをせずに全員が川を渡れるぞい。
3番のところで、かつおの代わりにすねおが戻っても正解じゃよ。
ちなみに無事に川を渡った4人は遊園地に行き、すっかり元の仲良しに戻ったそうじゃ。

ミニ問題⑧ 1リットルの水を作ろう

問題 086 ページ

説明をしやすくするために
12リットル入るバケツをA、
9リットル入るバケツをB、
7リットル入るバケツをCとするぞい。

1ℓ リットル

① Aに水を12リットル入れる (A=12、B=0、C=0)
② Aの水をBに9リットル移す (A=3、B=9、C=0)
③ Aの水をCに3リットル移す (A=0、B=9、C=3)
④ Bの水をAに9リットル移す (A=9、B=0、C=3)
⑤ Cの水をBに3リットル移す (A=9、B=3、C=0)
⑥ Aの水をCに7リットル移す (A=2、B=3、C=7)
⑦ Cの水をBに6リットル移す (A=2、B=9、C=1)

これでCに1リットルの水ができたわけじゃな。

※ここに掲載した方法以外にも1リットルにする方法がいくつかあるので、探してみてね！

とくべつしゅうろく
特別収録
サークルアイン
Circle Einstein

サークルアインの遊び方

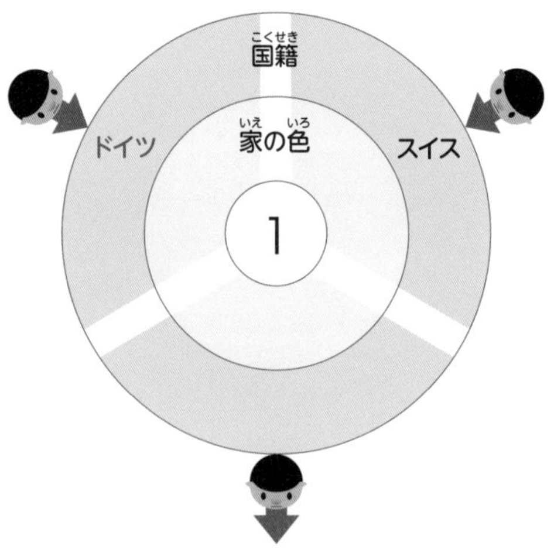

はじめに、ヒント①より、スイス人は内側を向いているので、右どなりとなるこの位置にドイツ人を入れます（サークルの枠の中には色字の部分のみ入れます）。

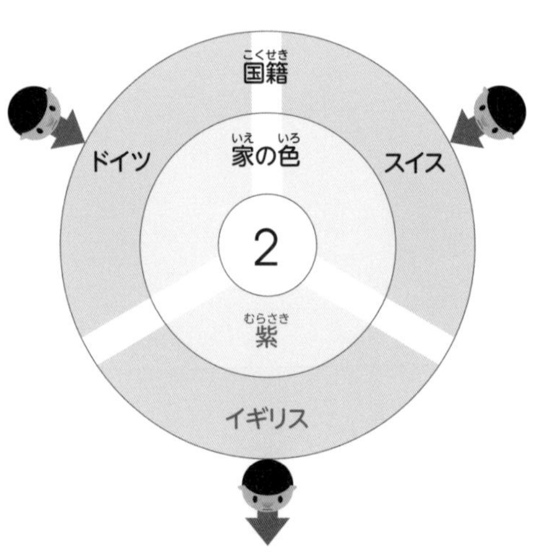

次に、ヒント③より、国籍と家の色の組み合わせが入るのは図の下の枠だけなので、イギリス人と紫の家をそれぞれの枠に入れます。

次に、ヒント②より、紫の家の人は外側を向いているので、左どなりとなるこの位置に緑の家を入れます。

最後は問題文に注目します。赤の家が入る枠は図の左上しかありません。よって、この位置に赤の家を入れます。

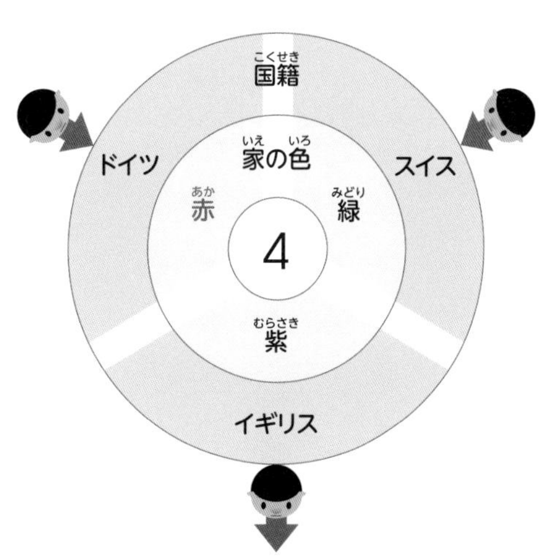

以上の結果から、答えは【ドイツ】ということになります。

特別収録

問題1 白の花びんの人はだれ？

Circle Einstein

チェック　ヒント

- □ ① まさひろくんはただよしくんから見て左どなり
- □ ② スイセンを好きなのはまさひろくん
- □ ③ バラを好きな人はたけおくんから見て左どなり
- □ ④ ユリを好きな人は紫の花びん
- □ ⑤ 赤の花びんの人は白の花びんの人から見て右どなり

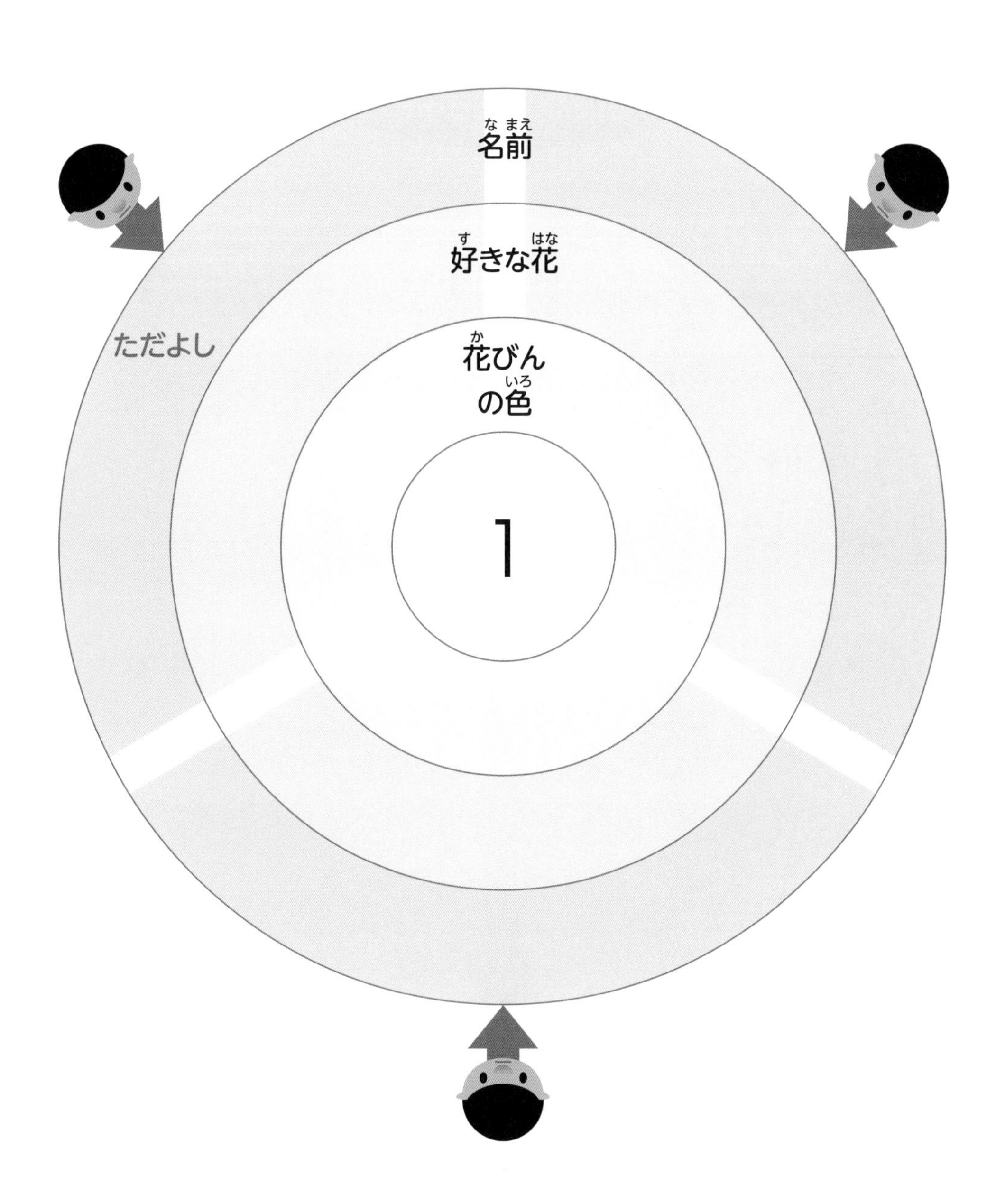

答え

特別収録

問題 2 算数を好きな人はだれ？

Circle Einstein

チェック　ヒント

- □ ① みゆきちゃんは理科を好きな人から見て左どなり
- □ ② 赤のノートの人はみゆきちゃんから見て左どなり
- □ ③ 国語を好きな人は紺のノート
- □ ④ じゅんこちゃんは緑のノート
- □ ⑤ あきえちゃんはじゅんこちゃんのとなり

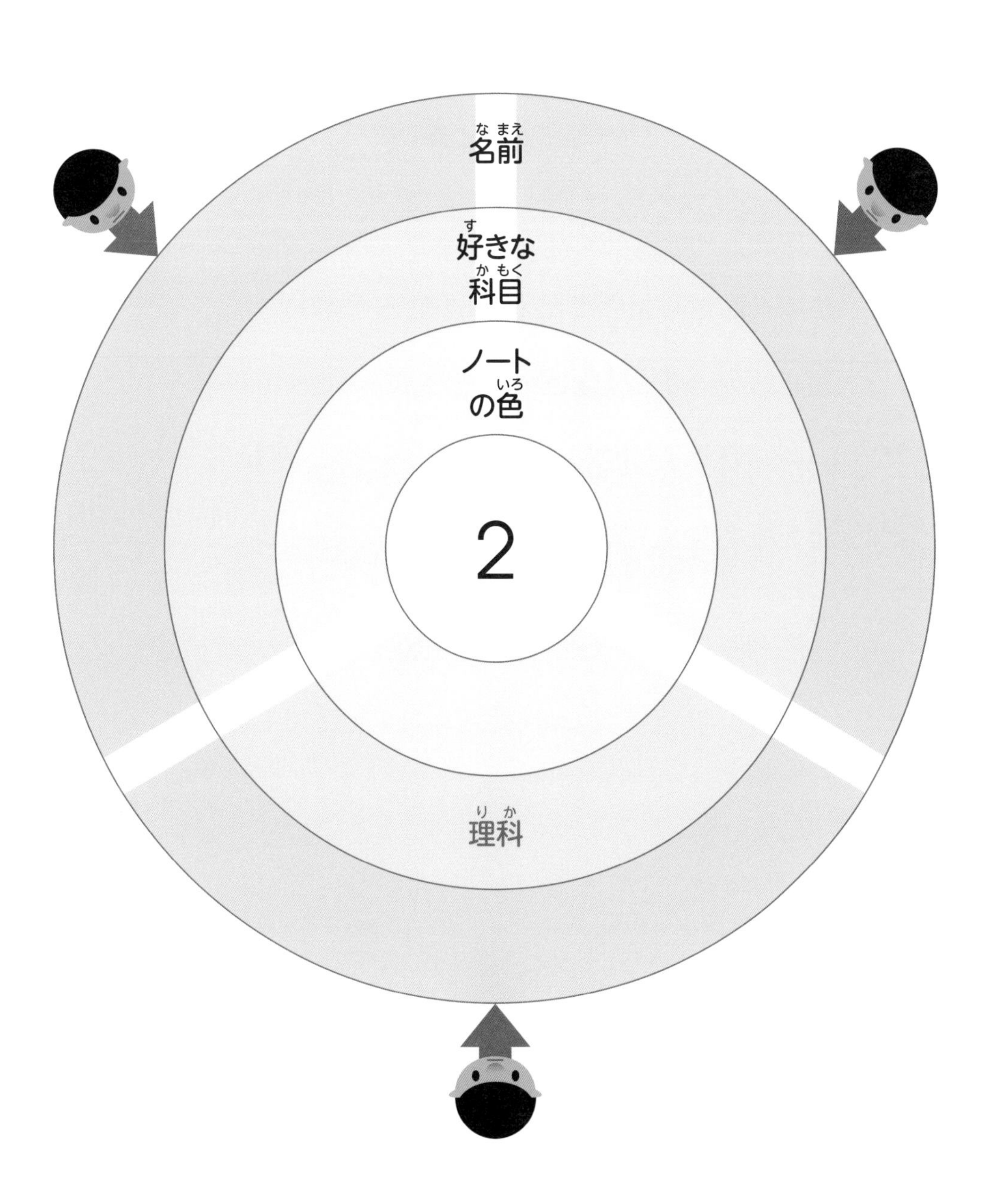

答(こた)え

特別収録

問題 3 シルバーのシューズの人はだれ？

Circle Einstein

チェック ヒント

□ ① かずくんはしょうくんから見て右どなり

□ ② 湖を好きなのはしょうくん

□ ③ 山を好きな人はブラックのシューズの人から見て左どなり

□ ④ 海を好きな人はゴールドのシューズ

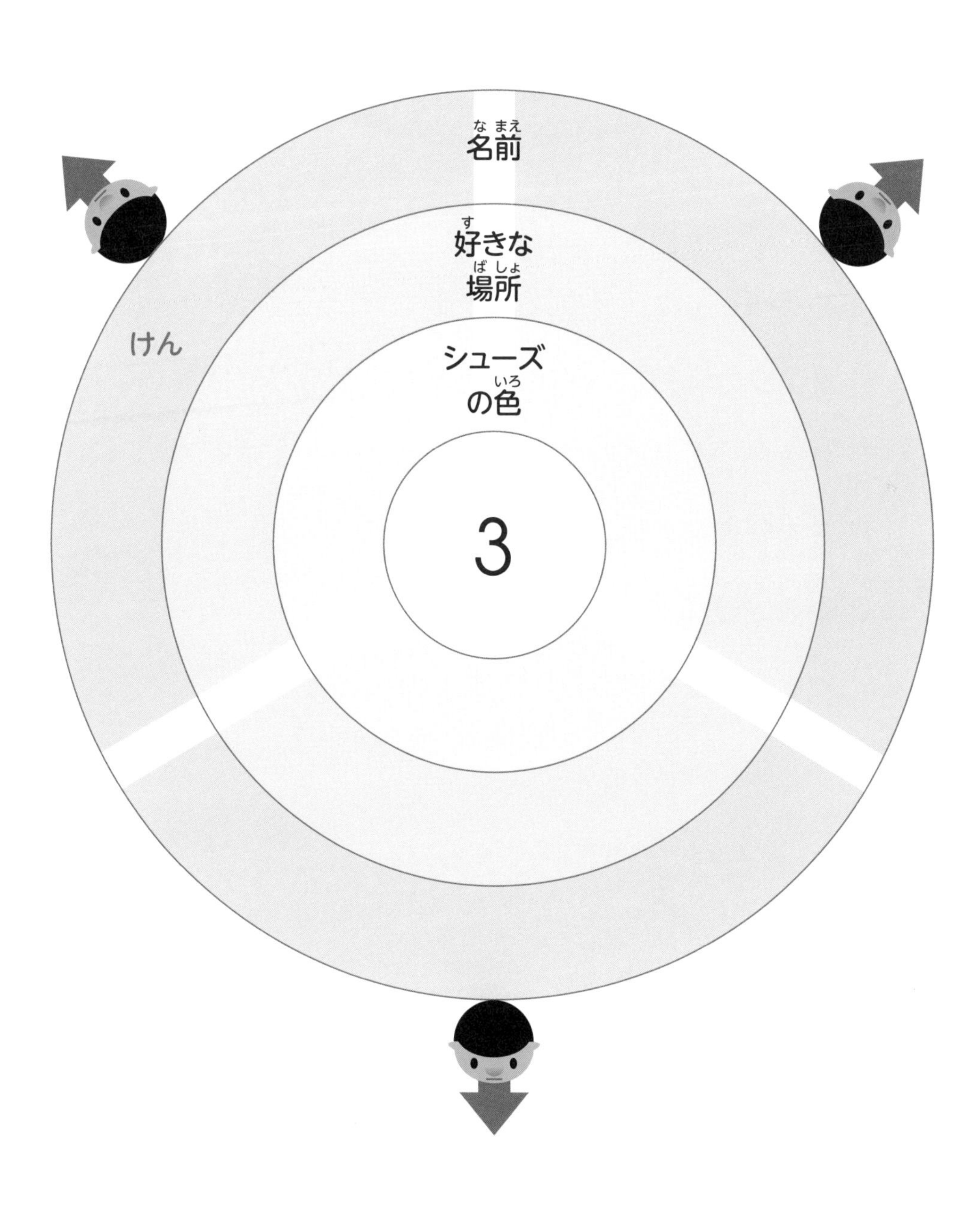

答え

特別収録

問題 4 まきちゃんから見て左どなりの人の洋服の色は？

Circle Einstein

チェック　ヒント

- □ ① めるちゃんはブラウンの洋服
- □ ② ピンクの洋服の人はめるちゃんのとなりではない
- □ ③ れみちゃんはピンクの洋服の人から見て右どなり
- □ ④ 夏を好きなのはあゆちゃん
- □ ⑤ 春を好きな人はオレンジの洋服
- □ ⑥ 秋を好きな人はレッドの洋服の人のとなり

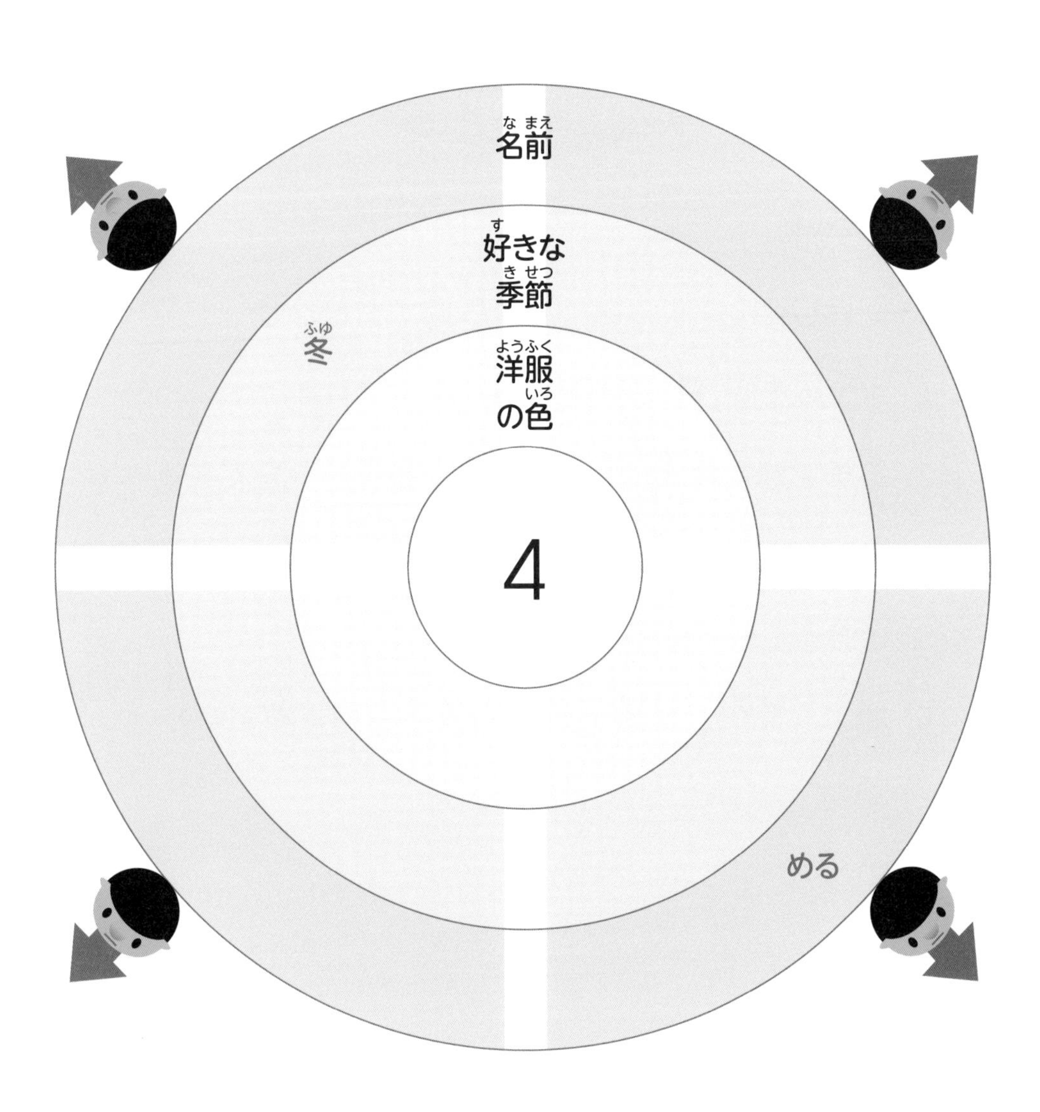

答え

特別収録

紫の水筒の人はだれ？

Circle Einstein

チェック　ヒント

□ ① たけしくんはすみおくんから見て右どなり

□ ② ホタルを好きなのはとおるくん

□ ③ ハチを好きな人はトンボを好きな人から見て左どなり

□ ④ チョウを好きな人は黒の水筒の人から見て右どなり

□ ⑤ とおるくんは黒の水筒ではない

□ ⑥ 緑の水筒の人は青の水筒の人から見て右どなり

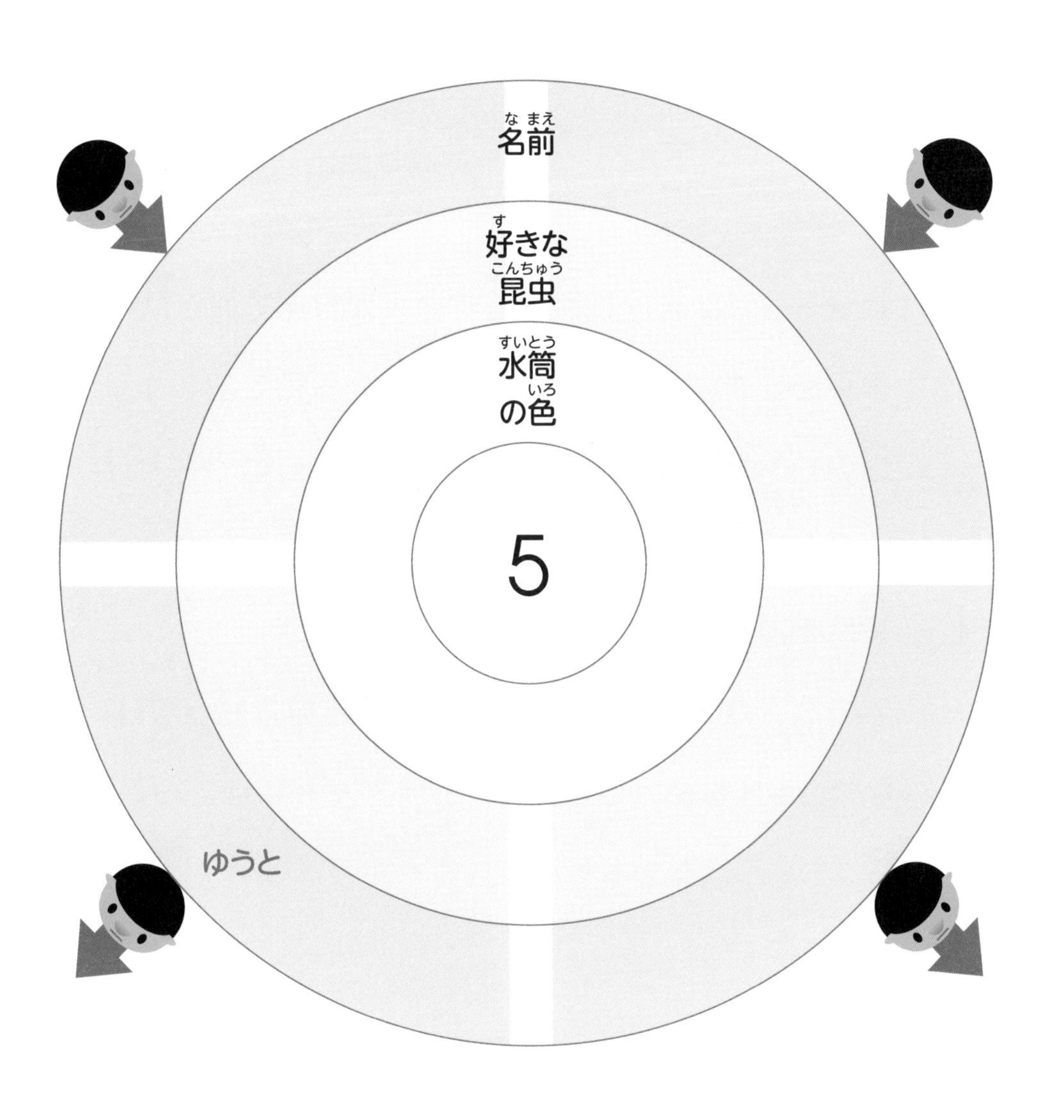

答え

特別収録

問題 6 ほなみちゃんから見て左どなりはだれ？

Circle Einstein

チェック ヒント

- □ ① 横浜を好きな人は神戸を好きな人から見て右どなり
- □ ② 神戸を好きな人は函館を好きな人から見て左どなり
- □ ③ 白のハンカチの人は函館を好きな人から見て右どなり
- □ ④ 紺のハンカチの人は黄のハンカチの人から見て左どなり
- □ ⑤ 神戸を好きな人は紺のハンカチではない
- □ ⑥ 赤のハンカチの人はあかりちゃんから見て右どなり
- □ ⑦ なつちゃんはあかりちゃんから見て左どなり
- □ ⑧ らなちゃんはなつちゃんから見て左どなり

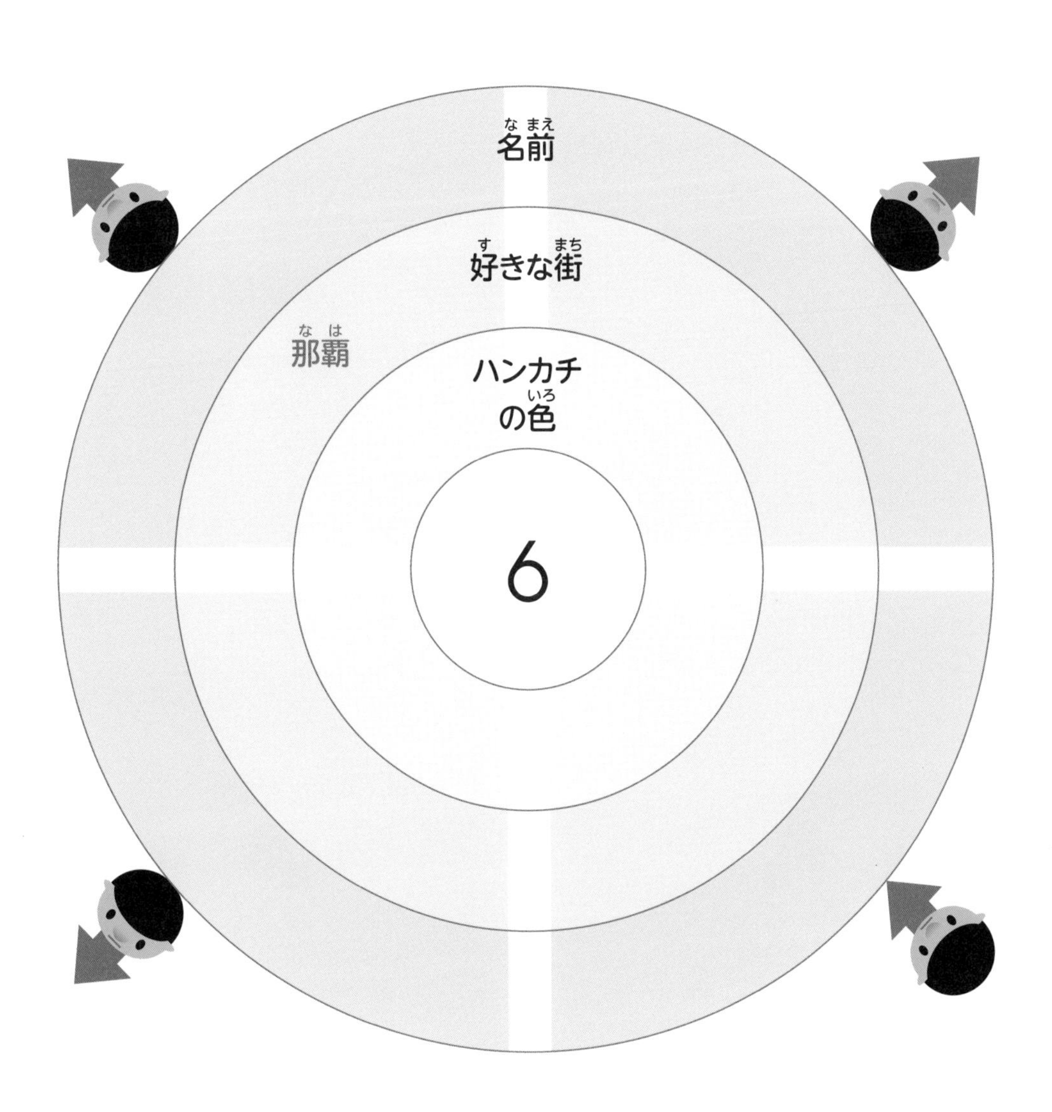

答え

Circle Einstein

サークルアイン解答

<ヒントの順番例>
①②③④⑤

答え　まさひろくん

<ヒントの順番例>
①②③④⑤問題文

答え　あきえちゃん

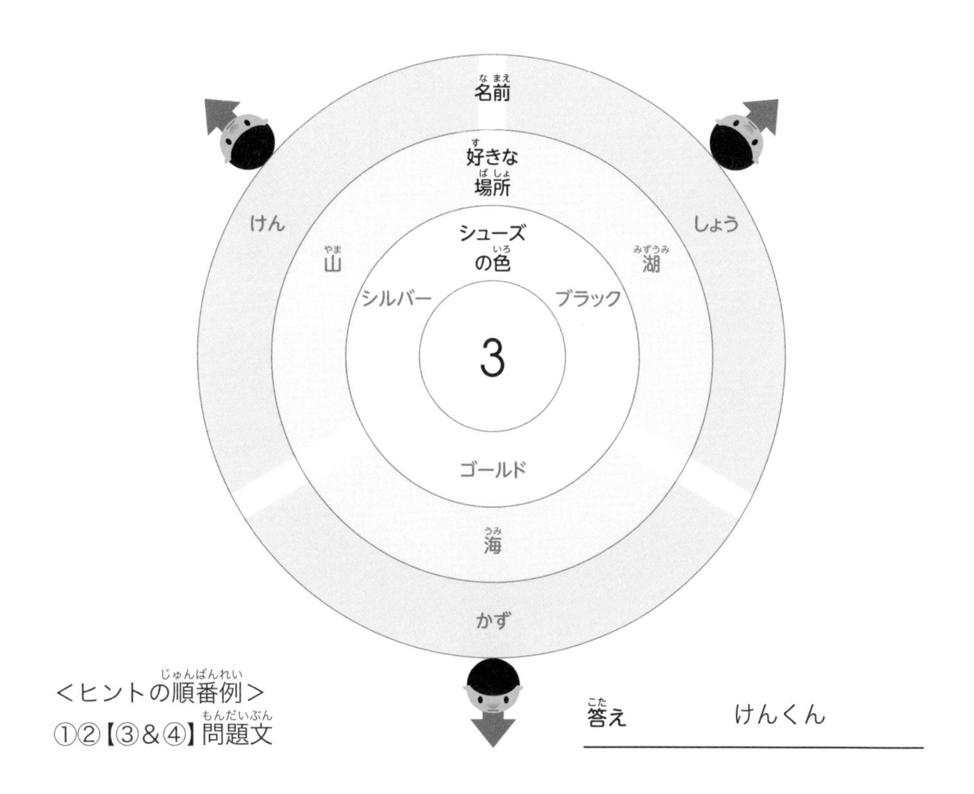

<ヒントの順番例>
①②【③&④】問題文

答え　けんくん

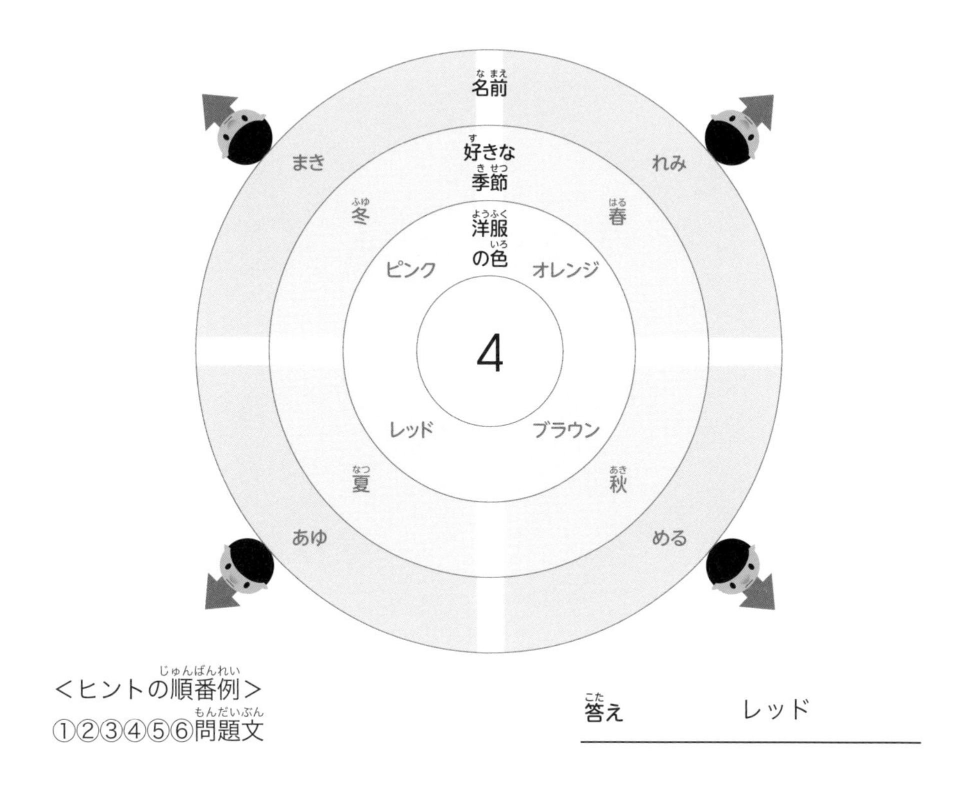

<ヒントの順番例>
①②③④⑤⑥問題文

答え　レッド

Circle Einstein
サークルアイン解答

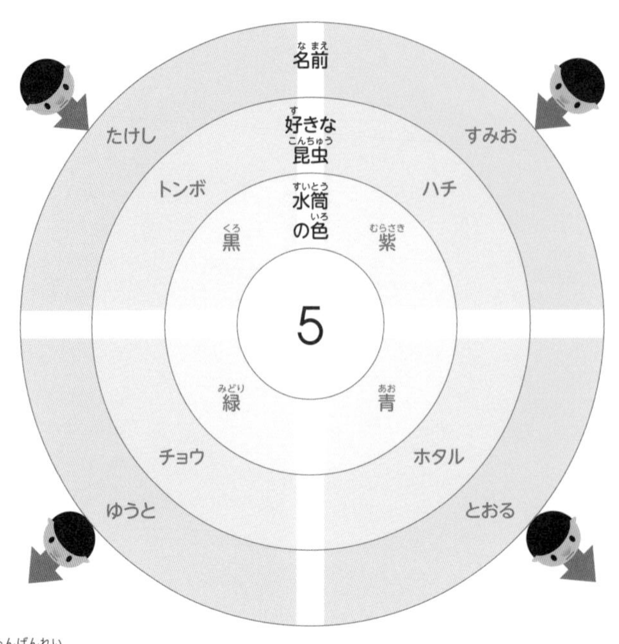

＜ヒントの順番例＞
①②③【④&⑤】⑥問題文

答え　すみおくん

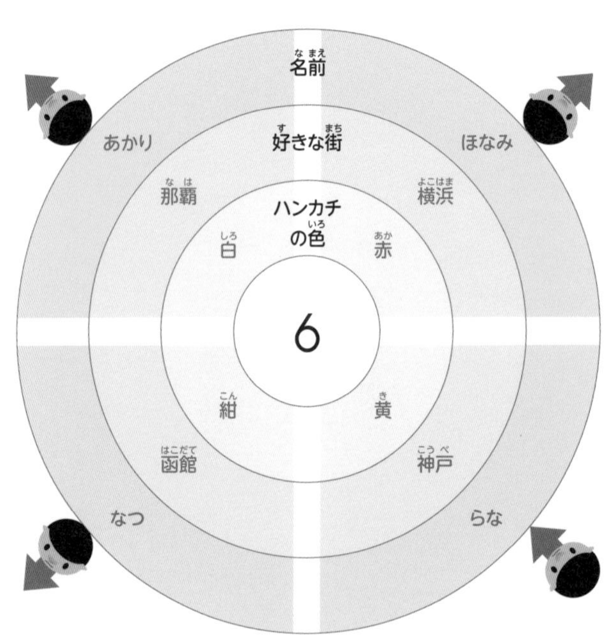

＜ヒントの順番例＞
【①&②】③【④&⑤】【⑥&⑦&⑧】問題文

答え　あかりちゃん

Staff

【構　成】
空伝妥模四

【装丁・本文デザイン】
渡川光二

【イラスト】
アカハナドラゴン

【Special Thanks】
シモダユウスケ　タカハシヨウ　古都枝茂子

※本書は2013年に刊行された『集中力＆持続力が高まる！ アインシュタイン式子供の論理脳ドリル』（東邦出版）を、新装版として再刊行したものです。

新装版　集中力＆持続力が高まる！
アインシュタイン式　子どもの論理脳ドリル

2021年7月21日　初版第1刷発行

編　者　アインシュタイン研究会
発行者　岩野裕一
発行所　株式会社 実業之日本社
〒107-0062
東京都港区南青山5-4-30
CoSTUME NATIONAL Aoyama Complex 2F
電話 03-6809-0495（編集／販売）
https://www.j-n.co.jp/

印刷・製本　大日本印刷株式会社

ISBN978-4-408-42106-3（書籍管理）